# 高校英语翻译理论与教学实践新研究

王 冠 著



中国商业出版社

**图书在版编目(CIP)数据**

高校英语翻译理论与教学实践新研究 / 王冠著. --
北京 : 中国商业出版社, 2024.5
ISBN 978-7-5208-2927-4

Ⅰ. ①高… Ⅱ. ①王… Ⅲ. ①英语—翻译—教学研究—高等学校 Ⅳ. ①H315.9

中国国家版本馆 CIP 数据核字(2024)第 103234 号

责任编辑:朱丽丽

中国商业出版社出版发行
(www.zgsycb.com 100053 北京广安门内报国寺 1 号)
总编室:010—63180647 编辑室:010—63033100
发行部:010—83120835/8286
新华书店经销
北京虎彩文化传播有限公司印刷
*
787 毫米×1092 毫米 16 开 9.5 印张 163 千字
2024 年 5 月第 1 版 2024 年 5 月第 1 次印刷
定价:45.00 元
* * * *
(如有印装质量问题可更换)

# 前　言

在全球化的今天，英语已成为国际交流的重要语言，其重要性在各个领域均不容忽视。作为高等教育体系中的核心课程，英语教学承载着培养学生跨文化沟通能力、批判性思维能力和全球视野的重任。在这样的背景下，英语翻译理论与实践教学在高等教育中的地位日益凸显。翻译不仅是语言的转换，更是文化的传递和思想的交流。探讨英语翻译理论与教学实践的有效结合，对于提高翻译教学质量、培养高水平的翻译人才具有重要意义。

本书以英语翻译理论为切入点，梳理了高校英语翻译的内容，论述了高校英语笔译教学、高校英语口译教学，并探索了高校英语翻译教学的实践创新。希望本书能够在高校英语翻译理论与教学实践方面为读者提供帮助。

在写作过程中，笔者参阅了相关文献资料，在此谨向其作者深表谢忱。

由于水平有限，疏漏和缺点在所难免，希望广大读者批评指正，并衷心希望同行不吝赐教。

王　冠

2024 年 3 月

# 目　录


**第一章　英语翻译理论** …… 1

第一节　英语翻译的基本概念 …… 1

第二节　英语翻译的理论依据 …… 8

第三节　英语翻译的原则 …… 16

第四节　英语翻译的方法 …… 24

**第二章　高校英语翻译的内容** …… 31

第一节　高校英语词汇翻译 …… 31

第二节　高校英语句子翻译 …… 41

第三节　高校英语语篇翻译 …… 50

**第三章　高校英语笔译教学** …… 60

第一节　英语笔译概述 …… 60

第二节　高校英语笔译教学的理论基础 …… 67

第三节　高校英语笔译教学的模式 …… 77

**第四章　高校英语口译教学** …… 87

第一节　英语口译概述 …… 87

第二节　高校英语口译教学的内涵 …… 97

第三节　高校英语口译教学设计 …… 106

**第五章　高校英语翻译教学的实践创新** …… 117

第一节　基于智慧课堂的高校英语翻译教学实践 …… 117

第二节　基于移动课堂的高校英语翻译教学实践 …… 125

第三节　生态视角下的高校英语翻译教学实践 …… 133

**参考文献** …… 144

# 第一章　英语翻译理论

## 第一节　英语翻译的基本概念

### 一、英语翻译的定义

#### （一）翻译的本质概念

翻译是语言之间的跨界传递过程。它通过将一种源语言的表达转化为另一种目标语言的表达，以实现信息的传递和理解。翻译的本质概念可以从多个角度来思考和理解。

翻译是一种语言转化的过程。在这个过程中，译者需要理解源语言的含义和表达方式，同时用目标语言的词汇、语法和文化背景来重新表达。这种语言转化不仅仅是对词语和句子的直接转换，更需要综合考虑语境、表意、语气和习惯用法等方面。

翻译是一种文化传递的过程。每种语言都与其背后的文化相关联，翻译不仅涉及语言，也涉及背后的文化内涵。在翻译过程中，译者需要综合考虑源语言和目标语言的文化差异，将原文的文化特色与目标文化相结合，以确保信息传递的准确性和适应性。

翻译是一种创作和再现的过程。译者需要根据原文的意义和目的，运用各种翻译技巧和策略，将其重新表达出来。在这个过程中，译者可以根据需要进行调整、修饰和添加，以使译文更贴近原文的本意和效果。

#### （二）翻译的种类

在英语翻译领域，根据不同的标准和目的，可以将翻译分为多个种类。这些种类在实践中起着各自独特的作用，并且根据翻译的内容和形式有所区别。

一种常见的分类是根据翻译的内容来进行划分。根据内容的不同，翻译可以分为文学翻译、科技翻译、商务翻译、法律翻译等。文学翻译致力于将文学作品由一种语言转化为另一种语言，并保留原著的文学美感和风格；科技翻译则更注重专业术语的准确翻译，确保科技信息的传递和沟通；商务翻译则关注商务文件、合同和营销材料的翻译，对于商务活动的顺利进行至关重要；法律翻译则要求严谨和准确，确保法律文件在不同语言环境下的有效性和一致性。

翻译根据形式的不同可以分为口译和笔译。口译是指通过口头表达的方式进行翻译，包括同声传译、交替传译等形式。口译者需要具备快速反应和准确表达的能力，以确保信息及时传递。而笔译则是指通过书面形式进行翻译，包括文本翻译、文件翻译等。笔译者需要有良好的语言表达能力和专业知识，以确保翻译的质量和准确性。

根据翻译的目的和要求，翻译也可以分为直译和意译。直译是指尽可能地忠实于原文的翻译，保留原文的结构和语序。意译则是指在保留原意的基础上，根据目标语言和文化的特点进行调整和转化的翻译。意译有时候会采取更自由的方式，以满足读者理解和接受内容的需求。

### （三）翻译的过程描述

在进行翻译时，译者需要经历一系列的步骤和考量。

第一，翻译应始于研读原文的内容与结构，这样才能确切理解文本的内涵和外延。

第二，译者需要全面理解原文的语言风格、逻辑关系和修辞手法，这样才能在翻译中准确传达原文的意思。

第三，译者应具备良好的语言能力和文化素养，能够恰如其分地选择恰当的词语、短语和句式，实现语义的传达和风格的保持。

第四，译者要根据文体特点和译文的目标读者，选择适合的翻译策略和技巧。

第五，译者要保证译文的准确性、流畅性和质量，在译文中避免歧义、模棱两可的表达，保持原文的信息量和表达效果。

## 二、英语翻译的目标

### （一）信息传递

信息传递是英语翻译的一个重要目标，即通过翻译，将原文中的信息传达给目标语读者。信息传递涉及如何准确、清晰地表达原文的意思，使读者能够理解并获取所需的信息。

在这一目标下，准确性是最关键的要求。翻译时，译者要准确理解原文的意思，并将其精准地转化为目标语言，确保译文不产生歧义、误导或误解。这要求译者具备扎实的英语语言水平和良好的翻译技巧。

除了准确性，清晰性也是信息传递的重要要求。译者应避免使用繁复、拗口的语言，而要选择简洁、通顺的表达方式，使译文易于理解和消化。另外，适当的语体和语气调整也有助于提高译文的可读性和可理解性。

信息传递还要求译者关注语用层面的因素。在跨文化交际中，语言的使用往往受到文化背景和社会习惯的影响。因此，在翻译过程中，译者不仅需要注意传递文字信息，还要传递文化信息，确保目标语读者能够理解原文所蕴含的文化内涵。

在信息传递中，要考虑译文的实际应用环境和目标读者的需求。不同的领域和场景对翻译的要求有所差异，译者需要根据具体情况，选择合适的译语和表达方式。

### (二)文化交流

文化交流表现在以下几个方面。

1.促进跨文化理解

不同地区、不同国家的文化差异往往会导致误解和隔阂。通过翻译，我们可以将原文中体现的文化特点和价值观念传达给目标语言读者，有助于他们更好地理解和接受其他文化。例如，一部反映中国传统文化的小说，通过翻译可以让其他国家的读者了解中国的历史、社会背景和价值观念，进而增进彼此之间的理解。

2.促进文化融合和创新

在翻译过程中，译者需要根据目标文化的背景和读者的特点，灵活运用翻译方法，使原文的文化特点与目标文化相融合。例如，在将一部中文电影翻译成英语时，译者需要考虑英语观众的口味和文化喜好，做出一些合理的改编和调整，使电影能够更好地适应目标文化的需求。

3.促进学术研究交流和合作

在跨文化的学术研究领域，翻译起到了重要的桥梁作用。通过翻译学术文献和研究成果，不同国家的学者可以了解到最新的研究动态和成果，开展合作和交流。同时，翻译也有助于各国学者对自己国家的研究成果进行宣传和推广，使学术研究能够更广泛地影响和有益于全球。

### (三)学术研究

学术研究旨在确保原文中的学术内容在翻译过程中能够得到准确传达,并在目标语言中得到恰当的表达。

1.保持学术原文的准确性

学术文献涉及复杂的专业术语和理论概念,因此在翻译过程中,准确传达原文的学术内容至关重要。译者需要具备专业知识和研究领域的背景,以便正确理解原文,并将其精确地转化为目标语言。只有准确传达学术内容,才能保证翻译结果的可靠性和权威性。

2.保持原文的学术风格和语言特点

学术文献通常采用正式、严谨的语言风格,同时具备一定的学术规范和传达方式。在翻译过程中,译者需要保持原文的学术风格,遵循学术规范,以确保翻译结果与原文保持一致。这有助于确保翻译后的文稿得到学术界认可,并提供有效的交流工具。

3.使翻译成果适用于学术交流或学术出版

学术研究经常通过学术期刊、会议论文、学术出版物等形式进行交流和发布。在进行学术研究翻译时,译者不仅需要关注学术内容的准确性和风格,还需要根据目标环境的要求对翻译成果进行适当的调整和处理。这样才能确保研究成果在学术界正确传播,被广泛认可和引用。

## 三、英语翻译的标准

### (一)语言准确性标准

英语翻译要求译者在将原文转化为目标语言时,保持语言表达的准确性,避免信息丢失或扭曲。在追求语言准确性的同时,也不能忽视翻译的流畅和自然性。

语言准确性要求译者准确理解原文的语义和语法结构。译者必须通过深入理解原文的含义和背景来确保翻译的准确性。这意味着译者需要具备扎实的语言能力和文化背景知识，以便正确理解源语言的细微差别和文化内涵。

语言准确性还要求译者在目标语言中使用恰当的词汇和语法结构，以保持翻译的准确性和自然流畅。译者需要根据目标语言的特点，选择与原文最贴切的翻译词汇和句子结构，以确保翻译的准确性和可读性。

另外，语言准确性要求译者在翻译过程中避免歧义和不明确性。译者应该尽量避免使用模糊的词语或结构，而要选择能够清晰传达原文含义的表达方式。这样能够确保读者准确理解原文的意思，避免产生误解。

### (二)文本组织标准

文本组织涉及如何在翻译过程中对原文进行合理的组织和结构调整，以使译文更加流畅和易于理解。在进行文本组织时，译者需要考虑以下四个方面。

1. 译文的语法结构和句子长度

译文应该符合英语语法规范，并且句子长度应该适中，避免过长或过短的句子给读者带来困扰。同时，译者需要确保译文的语法结构与原文保持一致，尽可能地传达原文的语义和语法信息。

2. 段落结构的组织

一个良好的段落应该包含一个明确的主题，并通过逻辑和连贯的方式进行组织。在翻译过程中，译者需要保持原文的段落结构，同时根据上下文进行调整，使译文更加符合英语的表达习惯。

3. 译文连接词和过渡词的使用

连接词和过渡词在英语中扮演着重要的角色，它们可以帮助读者理解句子之间的逻辑关系和思路的延续。在翻译过程中，译者需要选择合适的连接词和过渡词，使译文的逻辑关系清晰且流畅。

4. 译文的信息层次和重点突出

在进行文本组织时，译者应该根据原文的信息层次和重要性，合理安排译文的组织结构。重要的信息应该突出呈现，次要的信息则可以适当压缩或简化。通过这样的方式，译者能够更好地传达原文的主旨和重点。

### (三)文化适应性标准

文化适应性要求翻译在传达意思的同时,也要适应目标语言的文化背景和习惯。

在进行文化适应性翻译时,译者需要了解源语言和目标语言之间的文化差异。不同的文化背景会导致不同的语言表达方式和思维方式,因此译者需要具备跨文化交际能力。只有深入理解源语言和目标语言的文化背景,译者才能准确把握原文的意义,并用目标语言恰当地传达出来。

在进行文化适应性翻译时,译者需要考虑目标语言读者的文化认知和习惯。翻译的目的是让目标语言读者理解和接受原文所传达的信息。因此,译者需要根据目标语言读者的文化背景和价值观,选择合适的表达方式和词汇,以及符合目标语言的语言规范和习惯的语法结构。

在进行文化适应性翻译时,译者需要注意避免文化冲突和误解。不同的文化有着各自的独特性,彼此之间存在差异,有些表达方式在源语言中很常见,但在目标语言中可能会造成困惑或误解。因此,译者需要审慎选择合适的文化转换策略,避免出现文化冲突或引起误解。

在进行文化适应性翻译时,译者需要注意平衡原文的风格和目标语言的要求。有时,原文可能具有浓厚的文化特色和个性化的表达方式,而目标语言可能需要更加客观和中立的表达。在这种情况下,译者需要灵活运用翻译技巧和方法,以在保持原文的风格与特色的同时,确保目标语言读者能够理解和接受。

## 四、英语翻译的作用

### (一)促进国际交流

随着全球化的不断深入和经济、文化交流与合作的增多,英语作为国际交流的重要工具得到了广泛应用。英语翻译作为英语与其他语言之间的桥梁和纽带,发挥着不可替代的作用。

英语翻译使不同国家和地区的人们能够更好地进行沟通和交流。语言差异是人们进行交流的重要障碍之一,而英语翻译可以将不同语言的信息进行准确有效的传递。无论是商务合作、学术交流还是政治外交,英语翻译都起到了桥梁的作用,帮助各方理解对方的观点和需求,促进双方合作与交流。

英语翻译为人们提供了更多了解其他国家和地区的途径。在全球化背景下，了解其他国家的文化、历史、社会等方面的知识变得越来越重要。英语是世界上使用最广泛的语言之一，通过英语翻译，人们可以更加便捷地获取到其他国家和地区的资讯和文化。对于个人而言，这不仅丰富了知识库，拓宽了视野，还有助于增进对不同文化的尊重与理解。

英语翻译在推动科学技术发展方面也起到了重要的作用。科学技术是国家创新能力的重要体现，不同国家之间的科学技术交流与合作对于推动科技进步具有重要意义。然而，科技文献大部分以英文出版，这就要求各国学者和科研工作者具备一定的英语阅读能力。而英语翻译则为他们提供了突破语言障碍的途径，使他们能够更好地阅读、理解和借鉴国外的科技成果，从而促进全球科学技术交流与合作。

### (二)丰富个人知识库

英语翻译作为一种重要的语言交流工具，对广大英语学习者来说，不仅仅是一种技能，更是一种丰富个人知识库的途径。

1.获取更多的外语文献资料

现今，学术界的信息更新速度飞快，许多重要的研究成果和学术论文都是以英语为主要语言发表的。对于想要深入研究某个领域的学者或者学生来说，掌握英语翻译技能是必不可少的。通过翻译，我们可以全面了解最新的研究动态，了解国外学者的观点和方法，从而丰富个人知识库。

2.深入理解外语经典文学作品

世界各国有许多著名的文学作品，如莎士比亚的戏剧、奥斯卡·王尔德的小说、陀思妥耶夫斯基的长篇小说等。这些经典作品是人类文化的重要组成部分，通过翻译，我们可以欣赏到原汁原味的作品。在翻译过程中，我们不仅要对词汇进行准确的翻译，而且要了解背后的文化内涵和艺术风格，这有助于提升我们的文化素养和审美能力。

3.了解其他领域的知识

科技、商业、法律等领域由于其专业性，通常使用特定的术语和表达方式。通过翻译，我们可以熟悉这些领域的专业术语，了解相关的知识和概念。这不仅有助于我们深入了解其他领域，还可以为我们今后的学习和工作奠定坚实的基础。

### (三)推动科学技术发展

英语翻译作为一种重要的语言工具，不仅在促进国际交流和丰富个人知识库方面发挥着重要作用，还对科学技术的发展起到了积极的推动作用。在全球化背景下，科学技术的快速发展使不同国家和地区之间的合作越来越频繁。而在这种合作中，英语翻译的重要性日益凸显。

英语翻译有助于科学技术领域知识的传播。许多重要的科学成果和技术突破来自不同国家和地区的研究人员。将这些成果翻译成英语，可以使更多的科学家和专业人士了解和分享这些重要的发现。这种知识传播的过程不仅促进了不同领域之间的学术交流，还推动了科学技术的跨国合作与创新。

英语翻译在科学技术领域中扮演着解读和传达的角色。科学技术领域的文献和著作常常具有较高的专业性和复杂性，需要进行专业翻译才能让更多人理解。通过翻译，科学技术领域的专业术语和理论模型可以被更广泛的人群理解和应用。翻译也为不同国家和地区的科学家提供了共同的语言和沟通平台，促进了合作和交流。

英语翻译能为科研人员提供更多的信息资源和参考资料。随着科研领域的不断扩大，科学家和研究人员需要大量的文献和研究成果来支持自己的工作。而英语翻译的存在使这些信息资源可以跨越语言限制，为科研工作提供更广泛的参考来源。这样一来，科研人员可以更全面地了解前沿科学技术的进展，从而加速科学技术的发展。

# 第二节　英语翻译的理论依据

## 一、关联翻译理论

### (一)关联翻译理论概述

关联翻译理论认为，翻译并不是简单地将源语言文本转化为目标语言文本，而是一种在文本之间建立联系和传递信息的过程。在翻译过程中，译者需要将源语言的意义与目标语言的表达方式进行关联，以达到有效传递信息的目的。

关联翻译理论强调了在翻译过程中意义的重要性。译者需要理解源语言文本的各种意义，并将其转化为目标语言相应的表达方式。这不仅仅是对词语之间的关联性进行处理，更需要考虑句子、段落以及整个文本的关联性。只有先建立准确的关联，之后才能实现意义的传递和信息的准确传达。

关联翻译理论为翻译工作者提供了一种理论依据。在翻译词语和句子时，译者需要考虑它们之间的关系和上下文语境。通过理解并建立这种关联，译者能够更好地传递原文的意义和信息，使翻译结果更为准确和流畅。

### (二)关联翻译理论应用实例

在关联翻译理论的指导下，许多研究者和翻译从业者不断探索和实践如何实现有效的翻译。具体的应用实例可以帮助人们更好地理解关联翻译理论的实际运用。

1.商务翻译

在跨国企业合作中，翻译成为信息传递和沟通的桥梁。通过运用关联翻译理论，译者可以更好地理解原文的背景和含义，并将其有效地转化为目标语言的准确表达。在商务翻译中，译者不仅需要注重传达信息的准确性，还需要兼顾商务交流的文化因素，让接收方能够真正理解并采纳这些信息。

2.法律翻译

法律是一个高度专业化且具有严格约束的领域，在翻译法律文本时，准确性和精准度是最重要的要求。关联翻译理论通过强调文本之间的联系和对等关系，帮助译者理解并传达法律文本的意义。在法律翻译中，译者不仅需要准确翻译法律概念和术语，还需要将法律条文与目标文化背景相结合，确保翻译的法律文件在目标国家获得合法有效性。

3.科技翻译

科技翻译通常涉及专业术语和技术性内容，准确传达原文的技术细节对于确保科技创新和资源共享至关重要。关联翻译理论强调上下文的重要性，使译者能够更好地理解技术内容，并将其转化为目标语言的准确表达。在科技翻译中，准确性和精确性是不可妥协的要求，只有运用关联翻译理论，译者才能最大限度地保证翻译的准确度和可理解性。

### （三）关联翻译理论存在的问题

1.关联翻译理论在处理复杂文本时存在一定的局限性

复杂文本往往包含丰富的隐含信息和语义联系，而关联翻译理论主要关注的是句子内部的关联，对于跨句和跨段落的关联处理相对较弱。在这种情况下，我们需要进一步探索如何将关联翻译理论与其他翻译理论进行有机结合，以提升对复杂文本的翻译效果。

2.关联翻译理论在多义词和歧义句处理上存在一定的挑战

由于多义词和歧义句具有多种可能的翻译结果，传统的关联翻译理论难以准确地捕捉到这种多义性和歧义性，因此我们需要进一步研究如何在关联翻译理论中加入更为灵活和准确的语境信息，以帮助译者做出更合理和准确的翻译选择。

3.关联翻译理论在实际应用中面临技术和工具的限制

尽管我们可以利用计算机辅助翻译工具和机器翻译系统来辅助处理关联翻译问题，但目前的技术仍然不能完全替代人工翻译。机器翻译系统往往难以充分理解上下文的语义关联，容易产生歧义和错误。因此，我们需要在关联翻译理论的基础上不断改进和优化相关翻译工具和系统，以提高翻译质量和效率。

## 二、翻译模因论

### （一）翻译模因论概述

翻译模因论的核心概念是模因，根据翻译模因论的观点，模因是一种类似于基因的文化传播单元，它包含了语言、文化、习俗等各种元素的信息。翻译过程可以被看作模因之间的传播和转化。

翻译模因论强调了翻译过程中的文化因素和语境因素对于翻译的影响。在翻译过程中，译者不仅需要理解原文的语言表达，还需要理解其中所包含的文化内涵和背景知识。只有在充分理解了原文内容的基础上，译者才能准确传达原文的意思，并将之转化为目标语言的合适表达。

翻译模因论注重翻译过程中的转化和创新。每种语言都有自己的语言特点和表达方式，因此在翻译过程中，译者需要做出一定的转化和创新。这意味着译者需要根据目标语言和目标文化的要求，对原文进行适度的调整和改写，以实现准确表达和自然流畅的效果。

翻译模因论还强调了翻译过程中的负迁移和正迁移现象。负迁移是一种由于语言和文化差异而导致的误解或错误的翻译现象。而正迁移则是一种成功传达原文意思的翻译现象。译者在翻译过程中应当尽量避免负迁移，同时注重正迁移的实现，以确保翻译的准确性和自然流畅性。

### (二)翻译模因论应用实例

在翻译模因论的框架下，翻译实践中的应用实例是不可或缺的。通过分析和解读不同语言之间的模因(文化传递的单位)，人们可以更好地理解翻译过程中的难点和挑战，并找到更准确、更恰当的翻译策略。下面通过几个应用实例，具体探讨翻译模因论在实践中的应用效果。

1. 中文和英文之间的翻译

在中国的传统文化中，有着丰富的典故和成语，这些典故和成语往往承载着深厚的文化内涵。如何将这些中文文化表达准确地转化为英文是一个具有挑战性的任务。在翻译模因论的指导下，我们可以通过对源语言和目标语言之间的模因进行对比和映射，找到相似的文化表达方式，使翻译结果更具文化适应性和可理解性。

2. 科技书籍的翻译

科技领域的书籍通常涉及专业术语和专门领域的知识，这就要求译者具备扎实的学科知识，并能准确传递原著作者的意图。在翻译模因论的指导下，译者可以通过寻找模因之间的对应关系，将源语言中的专业术语以及特定领域的概念准确地转化为目标语言。这种基于模因的翻译策略不仅可以确保翻译的准确性，还可以提高读者对科技书籍的理解和阅读体验。

3. 文学作品的翻译

文学作品往往包含了丰富多彩的情感、意象和文化背景。如何在翻译过程中保留原著作者的语言风格和情感表达是一个重要的问题。翻译模因论提供了一种思路，即对源语言和目标语言之间的模因进行匹配和替换，以尽可能地保持原著的情感色彩和文学味道。这需要译者对两种语言的语言特点和文化背景进行深入研究和理解,并具备良好的创造性思维能力。

### (三)翻译模因论存在的问题

1.未得到充分探讨和研究

尽管翻译模因论提供了一种全新的翻译视角,但其理论基础和应用方法仍需进一步完善和验证。

2.存在一定的困难和挑战

翻译模因作为信息传递的基本单位,涉及文化、语言、风俗习惯等多个因素,其判定和处理并不是一件简单的事情。译者需要对源语言和目标语言的文化背景有深入了解,并能够在翻译过程中准确地捕捉和传达模因信息。

3.面临一些技术性问题

由于翻译模因的特殊性质,如何有效地识别、运用和管理模因,以及如何解决模因在不同语言和文化之间的转化和迁移问题,都需要进一步研究和探索。

4.理论和方法有待验证

在某些特定的语境和翻译任务中,翻译模因论可能并不适用,需要结合其他翻译理论和方法进行综合运用。

## 三、错误分析理论

### (一)错误分析理论概述

错误分析理论认为翻译错误不仅仅是一种语言现象,更是深受认知、语用、文化等多种因素的影响。它提供了一种系统化的方法来分析和解释翻译过程中存在的错误现象。错误分析理论的核心思想是通过分析错误来寻找翻译过程中存在的问题和障碍。它可以帮助我们了解为什么会出现错误以及如何避免或改正这些错误。

理解错误的分类和原因是错误分析理论的基础。常见的错误类型包括词义替换、语法错误、语用错误等。这些错误产生的原因往往是词汇选择不当、语法结构不准确或对源语言文化背景的理解不足等。

错误分析理论还特别强调翻译过程中的思维过程和认知策略。人们的思维方式、知识结构和认知模式都会影响翻译的结果。因此,理解译者的认知过程是解决错误的关键。

### (二)错误分析理论应用实例

在错误分析理论应用实例方面,已经有许多研究通过实证研究和案例分析证明了该理论的有效性。以下结合几个具体案例,来说明错误分析理论在英语翻译中的应用。

考虑到语言的不同,翻译中常常会出现语义转换问题。例如,英语单词“healthy”在中文中有两个常用翻译词“健康”和“健壮”。错误分析理论指出,翻译过程中出现的错误往往与源语言与目标语言之间的语义差别相关。通过分析错误的具体情况,我们可以发现译者在选择翻译词时,可能没有对源语言的含义进行全面把握,导致出现语义转换错误。为了解决这个问题,我们可以使用错误分析理论的方法,即通过对错误的分类和分析,提出相应的改进策略,鼓励译者在翻译过程中更加注重语义的准确传达。

错误分析理论对于错误的分类和分析也能够帮助人们发现翻译过程中可能存在的问题。比如,在某次翻译过程中,译者在翻译一个复合句时,将主语和宾语的位置颠倒了。错误分析理论指出,这类错误通常与译者对源语言句子结构的理解有关。通过对错误进行分类和分析,我们可以发现译者可能对目标语言的语法规则不够熟悉,或者没有完全理解源语言句子的结构。为了避免类似错误发生,我们可以向译者提供更加详细的句子结构分析,或者加强其对目标语言语法规则的学习。

错误分析理论还对翻译中可能存在的其他问题提供了指导。比如,在某次翻译中,译者在使用语言图片时,将中文的成语直接翻译成英语的成语,导致翻译的意思表达得不够清楚。通过理论分析,我们可以发现这种错误往往与译者对翻译中的固定搭配规则掌握不足有关。因此,在实际应用中,我们可以通过培养译者对不同语言之间的固定搭配和惯用表达的敏感度,提高翻译质量。

### (三)错误分析理论存在的问题

错误分析理论在应用中,虽然其理论基础和相关研究已经有了长足的发展,但仍然存在一些问题需要关注和解决。

错误分析理论以语言为中心，重点关注翻译的语言形式和结构问题，忽视了对文化背景和语境的考量。这使得在跨文化的翻译任务中，译者常常难以准确把握原文中的文化内涵、隐喻和指涉，从而可能导致翻译的准确性受到影响。

错误分析理论在解释和分析翻译错误时，常常忽略了翻译过程中的认知因素。翻译是一个高度认知的过程，涉及译者的理解、分析和决策等认知活动。因此，翻译错误的产生往往与译者的认知偏差有关，而这方面的因素在错误分析理论中尚未得到充分的重视和研究。

错误分析理论常常将翻译错误视为一种单一的问题，忽视了错误的多样性和复杂性。翻译错误可能涉及语义、语法、词汇、文体等多个层面，而错误分析理论往往只关注其中某一方面，导致对整个翻译错误的分析和解释不够全面和深入。

错误分析理论在改进策略上缺乏具体的指导。虽然错误分析能够帮助我们深入理解翻译错误的成因和规律，但对于如何改进翻译质量和避免错误，目前尚缺乏系统的理论框架和方法。因此，我们需要进一步探索和研究针对不同类型错误的有效改进策略，以提高翻译的准确性和质量。

### (四)错误分析理论的改进策略

#### 1.加强语言知识的学习和应用

一个经典的说法是“语言是翻译的工具”，因此译者需要具备扎实的语言基础。除掌握英语词汇、语法和语用知识外，译者还可以通过扩充词汇量、阅读大量英语文献和与英语母语人士交流，提高对英语的理解和表达能力。

#### 2.强调上下文的分析和辨析

在翻译过程中，词或短语的意义往往受到上下文的影响，可能出现多种不同的理解方式。因此，译者需要仔细分析上下文信息，了解文本的语境，确保选择适当的翻译方法和术语。

#### 3.注重文化和背景知识的积累

翻译不仅是语言的转换，更是文化的传达。译者应该积极了解源语言和目标语言的文化差异，尤其是领域特定的文化背景知识。对于某些特定的词汇、习语或传统，译者可以查询和参考各种文化参考资料和专业术语词典，确保翻译的准确性和地域适应性。

4.注重译文的校对和反馈

在完成翻译后，译者应当仔细校对译文，检查译文是否符合目标语言的语言习惯和语法规范。同时，积极接受用户和母语人士的反馈及修改建议，以不断改进自己的翻译质量。

## 四、图式理论

### （一）图式理论概述

图式理论根据认知心理学的观点，认为人类在理解和表达语言时运用的是一种基于经验和知识的图式结构。这些图式结构反映了语言中的常见模式和规律，对于翻译过程中的意义转移和重构起到了重要的指导作用。

图式理论的一个重要概念是意象。意象是指在思维过程中对事物形象化的表达，它并不仅限于视觉图像，还包括其他感官信息的表达。在翻译过程中，译者可以借助意象来对文本进行理解和再现。通过把源语言的意象转化为目标语言的意象，译者可以更准确地传达原文的含义和情感。

图式理论的另一个重要概念是“关联”。图式理论认为，语言中的词汇和句子之间存在一种关联关系，这种关联关系是构建和理解语言的基础。在翻译过程中，译者需要理解并保持原文中的关联关系，以确保目标语言的表达能够准确地传达原文的意思。

图式理论还提供了一种重要的视角，即将英语翻译视为一种文化传递的过程。每种文化都有其独特的图式和语言特点，译者需要深入了解源语言和目标语言的文化，以便在翻译过程中充分考虑并传达文化内涵。

### （二）图式理论应用实例

图式理论认为翻译过程中存在一些固定且普遍的认知模式，它们对于翻译的准确性和流畅性有着重要影响。因此，在具体的翻译实践中，译者可以根据图式理论的原则来获取更准确的翻译结果。

1.强调词汇搭配的重要性

在英语翻译中，词汇选择和搭配的准确性对于保持原文的语义和风格至关重要。通过运用图式理论的观点，译者可以更好地理解原文中词汇的表达习惯，进而在目标语言中找到相应的词汇及其搭配方式。例如，在翻译某一科技行业的文本时，应用图式理论可以帮助译者准确地选择专业术语，并避免词汇的不当搭配，从而确保翻译结果的准确性。

2.强调语篇结构的重要性

在翻译过程中，语篇结构的合理组织对于保持原文的逻辑和表达方式至关重要。通过运用图式理论的原则，译者可以更好地理解原文的语篇结构，从而在目标语言中进行合理重组。例如，翻译一篇学术论文时，应用图式理论可以帮助译者厘清论文的段落结构，并确保目标语言的结构与原文保持一致。

3.强调上下文的重要性

在翻译过程中，理解上下文对于准确传达原文的信息至关重要。通过运用图式理论的观点，译者可以更准确地理解原文的语境，从而在目标语言中找到相应的表达方式。例如，在翻译一段政治演讲时，应用图式理论可以帮助译者理解演讲背景，并以相应的方式传达原文的情感和口吻。

## 第三节　英语翻译的原则

### 一、忠实性原则

#### （一）忠实性原则的定义

在英语翻译中，忠实性原则是指译者在翻译过程中要尽可能忠实地传达原文的意思和信息。忠实性原则要求译者在翻译时遵循原文的语义、语法和篇章结构，确保译文与原文在表达内容上一致。在实践中，忠实性原则体现为对原文的各个细节和含义的准确理解与传递，以及尽量避免对原文意思的增添、删节或改变。

#### （二）忠实性原则的应用

在英语翻译中，忠实性原则要求译者在翻译过程中保持对原文意思的忠诚和准确传达。忠实性原则着眼于保持源语言文本的原始意义和表达方式,以确保目标语言文本能够准确地反映出原文的信息。

忠实性原则要求译者准确传递原文的语言风格和修辞手法。在翻译过程中,译者需要仔细分析原文中使用的修辞手法,如比喻、隐喻、夸张等,然后尝试找到在目标语言中具有相似效果的翻译策略。通过这种方式,译者能够成功地传达原文的修辞意图和表达方式。

忠实性原则还需要译者注意文化差异因素。在翻译过程中,不同语言和文化背景之间的差异会显现出来。译者需要根据目标受众的文化背景和习俗,适当地调整译文,以确保翻译的可理解性和接受性。

需要强调的是,忠实性原则并不意味着译者只需进行机械的字面翻译。相反,译者应该灵活运用翻译技巧和判断力,在保持忠实性的同时,也要考虑到目标语言的表达习惯和流畅度。

### (三)忠实性原则的重要性

忠实性原则的重要性体现在多个方面。

忠实性原则确保了翻译的真实性和准确性。在进行英语翻译时,译者需要尊重原文的含义和结构,不随意增删或改变意思。通过保持原文的忠实性,翻译结果更能准确地传递作者的意图,避免信息失真和误解。这对于跨文化交流和理解是至关重要的。

忠实性原则有助于提高翻译的可读性和可理解性。在翻译过程中,译者需要选用恰当的词汇和语法结构,以使译文更符合目标语言的语言习惯和表达习惯。通过保持忠实性,译者能够确保译文的通顺性和自然度,提升读者对于翻译内容的理解和接受度。

忠实性原则有利于保持翻译的一致性和统一性。译者需要在整个翻译过程中保持一致的风格和用词选择,以确保译文的一致性和统一性。只有保持并忠实于原文的特点和风格,译文才能更好地呈现原著的风貌和特色。这对于维护文学作品的完整性和连贯性非常重要。

忠实性原则为译者提供了伦理上的指导。译者在翻译过程中需要遵循一定的职业道德和伦理准则,尊重原作者的版权和知识产权,并保持对原作和作者的尊重。通过遵守忠实性原则,译者展示了对原文的敬意和对翻译工作的责任感。

## 二、准确性原则

### (一)准确性原则的定义

准确性原则要求译文准确无误地传达原文的意思。在翻译过程中,译者应该细致地分析和理解原文的语义、句法和语境,确保译文与原文意义相符。准确性原则是英语翻译中不可或缺的一环,它决定了翻译品质的高低。

为了充分理解准确性原则,需要明确翻译的目的和要求。翻译的目的是在跨语言和跨文化交流中进行信息传递和交流。准确性原则的根本目的是确保翻译后的译文能够准确地传达原文的意思,使读者能够正确理解和接受信息。因此,准确性原则不仅要求译文的内容要和原文保持一致,还要求在传递信息时不产生歧义、误导和误解。

### (二)准确性原则的应用

准确性原则要求译者对原文进行深入的理解和分析,并且尽可能地保持译文与原文的一致性。

准确性原则要求译者对原文进行准确的解读。这意味着译者必须准确理解原文所表达的意义,而不是仅仅对文字的表面意思进行翻译。只有理解了原文的真正意图,翻译才能更准确地传达出来。

准确性原则要求译者准确地翻译原文中的特定词语和短语。这包括一些专业术语、与文化背景相关的词汇等。译者需要通过研究和了解相关领域的知识,提供与原文相匹配的准确词汇选择。这样才能确保译文在信息传递上的准确性。

准确性原则要求译者对原文中的语法结构和句子结构准确地进行翻译。这涉及译者对两种语言的语法规则的熟悉程度。只有在准确地翻译语法结构的基础上,才能保持译文与原文在句子结构上的一致性。

准确性原则要求译者在翻译过程中尽可能地保持原文的语气和风格。这意味着译者需要在译文中传达原文的语气和情感色彩。通过运用合适的表达方式和语言风格,译文能够更准确地传达原文的意义和情感。

### (三)准确性原则的重要性

准确性原则要求翻译表达原文的意思,传达作者想要表达的准确信息。只有确保准确性，翻译才能被视为高质量的翻译。

在进行英语翻译时，准确性直接关系到读者的理解和接受程度。如果翻译不准确，读者对原始信息的理解可能会出现偏差，甚至产生误解。因此，确保准确性是保障翻译质量的关键。

在进行英语翻译时，准确性原则与翻译的专业性和可信度有着密切关联。准确的翻译作品可以提高读者对译者的信任和尊重。相反，如果翻译作品中存在大量的错误和不准确之处，读者对译者的评价和信任度无疑会大打折扣。因此，译者在进行英语翻译时，必须严格把握准确性原则，确保作品的专业性和可信度。

在进行英语翻译时，准确性原则对于法律、科技、医学等领域的翻译尤为重要。在这些领域，任何一个细微的翻译偏差都可能导致严重的后果。比如，在法律文件的翻译过程中出现错误，可能会引起法律纠纷甚至影响到当事人的权益。因此，准确性原则在这些领域的翻译中显得尤为重要，译者必须确保每个细节和词语都准确无误。

## 三、统一性原则

### （一）统一性原则的定义

统一性原则旨在确保翻译文本在各个层次上呈现出内在的连贯性和一致性。

在翻译过程中，统一性原则要求译者根据上下文、语境和目标语受众的特点，运用一致的翻译策略和技巧，以达到与原著相一致的效果。这意味着译者需要在准确传达原文信息的基础上，注重保持同一术语、结构和风格，使译文具有整体的连贯性和统一性。

在实际操作中，译者可以运用一系列技巧来实现统一性原则。首先，译者需要注意句子和段落结构的一致性，保持原文的逻辑关系与语法结构。其次，译者要统一使用术语、词汇和主题词，确保整篇译文中的相同概念使用一致的翻译方法。最后，译者可以统一使用某种特定的翻译模式或句式，以保持翻译文本风格和特点的一致性。

### （二）统一性原则的应用

在英语翻译中，统一性原则能够确保整个翻译文本在语言风格、术语使用、语法结构等方面保持一致，从而使读者能够更加流畅地理解所阅读的内容。统一性原则的应用涉及多个方面，下面详细介绍几个重要的应用方面。

对于专业术语翻译来说，保持统一性是非常重要的。在同一个专业领域，一些术语可能有多种不同的翻译方式。为了避免混淆，译者需要根据文本上下文以及领域内已有的标准术语，选择一种统一的翻译方式。这样可以确保读者在整个文本中能够准确理解所涉及的术语的含义，并且不会产生歧义。

统一性原则需要注意语法结构和句式的运用。在不同的语言中，句法结构和表达方式可能会存在差异。为了确保翻译文本的统一性，译者需要在语法结构和句式的选择上保持一致。这样可以使整个文本在语言风格上更加统一，读者也能够更加流畅地阅读。

统一性原则还需要考虑到行文风格的统一。不同的作者和不同的文本可能会有不同的文体要求和风格特点。在翻译过程中，译者需要尽量将作者原文的风格特点保持一致。这不仅能够更好地传达作者的意图，还能够提升读者的阅读体验。

为了确保统一性，译者需要对翻译作品反复进行校对和修订。在初稿完成后，译者应该对整个文本进行全面的审查，检查是否存在不统一的地方，并进行相应的修改。这个过程可能需要进行多次，它是确保整个文本在统一性上达到高标准的重要环节。

### （三）统一性原则的重要性

在英语翻译中，统一性原则指的是在翻译过程中要保持统一的风格、用词和表达方式，以确保翻译结果的整体一致性和连贯性。

统一性原则在保持信息传递的连贯性方面起着重要作用。使用相似的翻译策略和词汇选择，能够使读者更容易理解翻译文本，而无须在不同的句子或段落之间进行不必要的转换和适应。这样，读者可以更流畅地阅读翻译文本，从而更好地把握原文的意思和传递的信息。

统一性原则有助于确保翻译文本的准确性和一致性。在翻译中保持统一的用词和表达方式，可以避免因为不一致的翻译选择而产生歧义或混淆。统一性原则还能帮助译者在翻译过程中保持专业性和一致性，从而确保翻译结果与原文一致，并且能够准确传达原文的意图。

统一性原则有助于提高翻译文本的可读性和可理解性。保持统一的风格和结构，可以使读者更轻松地阅读翻译文本，并快速理解其中的内容。这对于那些非专业领域的读者尤为重要，因为他们可能对特定领域的术语和表达方式不太熟悉。遵循统一性原则可以帮助读者更好地理解和消化翻译文本。

### （四）统一性原则的挑战

在英语翻译过程中，统一性原则是一项非常重要的考量因素。然而，实践中我们常常面临一些挑战，使翻译的统一性变得更加难以实现。下面讨论这些挑战，并提出一些相应的对策。

1. 语言风格的不同

不同的作者、不同的语境都可能带来不同的语言风格。在翻译中，如何在保持忠实性和准确性的同时统一语言风格，是一个亟待解决的问题。为了解决这个问题，译者可以通过分析目标读者定位，确定所使用的语言风格，并在翻译中保持一致。

2. 领域知识的不同

不同的领域有着不同的术语、表达习惯和规范，这使得在跨领域翻译中统一性的实现变得更加困难。为解决此问题，译者需要深入了解不同领域的专业知识，熟悉其术语和表达方式，并确保在翻译中保持一致性和准确性。

3. 文化差异

不同的文化背景对语言使用和表达方式产生了深刻的影响。在翻译中，如何在不同的文化环境下实现统一性，是一个需要译者深思熟虑的问题。为应对这个挑战，译者可以运用文化转换技巧，确保翻译结果能够在目标文化中产生相似的效果，从而实现统一性。

## 四、通顺性原则

### （一）通顺性原则的定义

通顺性原则指的是译文在语言表达上应该流畅自然，符合目标语言的语法和语言习惯，让读者在阅读时感觉通顺而不困惑。

通顺性原则要求译者准确理解源语言的意思，并能够将其转化为目标语言的表达方式。译者应该具备丰富的词汇和语法知识，以便能够选择最适合的词语和表达方式，使译文流畅易懂。

通顺性原则要求译者考虑上下文和语境因素。通顺性原则要求译文在特定的语境中具备连贯性，不仅关注句与句之间的衔接，还应该考虑到段落与段落之间的连贯性。这就需要译者在翻译过程中仔细分析原文的语法结构，尽可能地保持与原文相似的句子结构和主谓宾的关系，从而确保译文在语法上是通顺的。

通性顺原则还需要译者注意目标语言的习惯用法和惯例。不同语言有着不同的表达方式和语法规则，译者应该尽可能地遵循目标语言的语言习惯，以使译文更加自然通顺。同时，译者还需要灵活运用一些修辞手法和语言技巧，让译文更具表达效果和吸引力。

### (二)通顺性原则的应用

通顺性原则要求译文在语言上流畅自然，符合英语的表达习惯。在翻译过程中，要注意以下四个方面。

1. 注意语序的调整

英语和汉语的语序有所不同，因此在翻译过程中，需要对语序进行调整，使之符合英语的语言习惯。有时为了保持通顺性，可能需要调整句子中的词语位置或采取其他措施。例如，在翻译一个修饰语从句时，可以将其改写为非限制性定语从句，以保持句子的通顺性。

2. 注意句子结构的调整

英语和汉语的句子结构也有差异，在翻译过程中，需要根据目标语言的语法规则来调整句子结构。特别是在处理长句时，可以考虑将其拆分成几个简洁明了的句子，以提高译文的可读性和通顺性。

3. 注意代词的一致性

在英语中，代词的一致性是非常重要的，代词不一致会影响译文的通顺性。因此，在翻译过程中，要确保代词的先行词与其所指的对象一致，避免使用模棱两可或不明确的代词。

4. 注意词语的选择和准确性

在保持通顺性的情况下，应选择恰当的词语来翻译原文，以使译文更加准确地传达原文的意思。有时候，可以考虑使用词组或惯用语，以增加译文的自然度和流畅性。

## 五、简洁性原则

### （一）简洁性原则的定义

简洁性原则强调在翻译过程中要尽量精简和简化表达，避免冗余和累赘的语言。简洁性原则的核心是通过简明扼要地表达，准确地传达原文的意思。

简洁性原则要求尽量消除多余的修饰语和无关的细节。在翻译时，译者应该深入理解原文的核心内容，将其精练地传达出来，而不必拘泥于原文中的每一个细节。这样做不仅可以提高翻译的可读性，还可以使译文更加紧凑和有力。

简洁性原则要求注意语言的流畅性和自然度。在选择词汇和句式时，译者应该追求简单明了、直接有效的表达方式，避免使用过于复杂或拗口的语言。要注重语句之间的衔接和过渡，以确保整篇译文在逻辑和语义上的连贯性。

简洁性原则要求在翻译中避免使用冗长的句子和烦琐的结构。过长的句子不仅会增加读者的阅读难度，还容易造成译文不明确或含糊不清的问题。因此，译者应该尽量将长句分解成若干个简洁明了的独立句子，以提高读者的理解度和接受度。

### （二）简洁性原则的应用

在翻译过程中，应当尽量避免冗长和啰唆的表达，而是追求简短明了的表达。简洁且精准的表达可以更好地传达原文的意义，提高译文的可读性和可理解性。

简洁性原则要求译者尽可能使用简练的词语和短小的句子来表达原文的含义。过度冗长的句子和烦琐的词语会影响译文的流畅度和可读性。因此，在进行翻译时，译者应该选择简练明了的词语，并采用简短的句子结构，以使译文更加紧凑。

简洁性原则要求译者尽可能地删减冗余的信息。有时候原文中存在一些不必要的修饰词或者冗余的句子，在翻译过程中，这些内容可以被删去，从而使译文更加简练。当然，在删减信息的过程中，译者也需要确保不丢失原文的含义和重要信息。因此，在进行删减时，需要仔细斟酌，保证译文的准确性和完整性。

简洁性原则要求避免使用过多的修辞手法和复杂的句型结构。过多的修辞手法和复杂的句型结构不仅会增加读者的阅读难度，还可能导致误解或歧义。因此，在进行翻译时，译者应尽量避免使用过多的修饰和修辞以及复杂的句子结构，使译文更加简单清晰。

## 第四节　英语翻译的方法

### 一、重译法

#### （一）重译法概述

重译法是指通过将待译文再次翻译，以达到更好地表达和传达原文内涵的目的。与其他翻译方法相比，重译法要求译者深入理解原文，并通过灵活运用词汇、语法和语义等手段，更好地再现原文的意思。

在文学作品翻译中，重译法可以帮助译者更好地捕捉原作的情感和细节，追求更加精确和自然的翻译效果。重译法适用于专业领域的翻译，如科技、法律和医学等。在这些领域，准确传达专业术语和概念非常关键，而重译法可以通过变换表达方式和结构，使翻译更加流畅和易于理解。此外，重译法还可以用于翻译商业和广告文本。通过运用巧妙的词汇选择和语言转换等手法，重译法能够增强广告文本的吸引力和有趣性，从而更好地传递产品或服务的信息。

#### （二）重译法的应用

重译法通过重新翻译原文中的某个词语或短语，达到更准确、更贴切的翻译效果。重译法的应用范围非常广泛，下面会对其一些常见的应用情况进行简要介绍。

重译法经常用于特定领域、专业术语的翻译。在医学、法律、科学等领域，术语非常严格和具体，翻译时需要精确表达。这时，译者可以通过重译法来找到更合适的词语，以确保专业术语准确翻译。

重译法常常用于涉及文化差异、习惯用语的翻译。不同的文化背景和习惯用语在翻译过程中会带来一定的困扰。为了更好地传达原文的意思，译者可以使用重译法，通过选择更符合目标语言读者习惯和文化背景的词语，来达到更好的翻译效果。

重译法也可以用于形象描写和文学作品的翻译。在翻译诗歌、小说等文学作品时，保持原作的文学美感和意境是非常重要的。译者可以通过重译法，更灵活地选择词语和表达方式，以实现对原文的恰当传译。

### （三）重译法优缺点

重译法旨在通过重新构建句子结构和表达方式，更准确地传达源语言的意思。

重译法能够保持句子的逻辑结构。重新构建句子的语法和词序，可以更好地呈现源语言的结构和逻辑。这也有助于提高译文的可读性和流畅度。

重译法可以确保翻译的准确性。通过仔细解读和分析源语言，译者可以找到最合适的表达方式，既保留了原文的含义，又让译文更符合目标语言的语言规范和文化背景。这种精确的表达能够有效地传达思想和意义，避免误解和歧义。

重译法还能够提高翻译的灵活性。因为它不拘泥于源语言的词汇和句法结构，译者可以根据需要进行适当的调整和改变，使译文更贴近目标语言的习惯表达方式。这种灵活性使得翻译更具针对性和个性化，更好地满足不同读者的需求。

重译法也存在一些缺点。重译法需要译者深入理解目标语言的语法和语义，以确保重新构建的句子能够保持正确的结构和意义。这对译者的语言能力和背景知识提出了较高的要求。

重译法有时可能导致漏译或误译问题。由于重新构建句子的方式可能与源语言有所不同，译者需要更加慎重地选择表达方式，以避免遗漏或错误地传达原文的意思。

## 二、增译法与减译法

### （一）增译法与减译法的定义

增译法是指为了加深读者对中文表达的理解，在英语原文的基础上，对词语或句子进行适当的增加。增译法的主要目的是在原文的基础上增添一些信息，使译文更加完整、准确。增译法能够帮助读者更好地理解原文的意思，并传达原文的文化内涵。

减译法是指为了简化中文表达并减少冗余，在英语原文的基础上，对词语或句子进行适当的删减。减译法通过减少原文的内容，以达到更简洁、更精确的翻译效果。

## （二）增译法与减译法的应用及对比

### 1. 增译法的应用

在实践中，增译法有多种具体技巧和方法。一个方法是使用补充性翻译，即在翻译过程中增加一些修饰语或解释性语句来阐明原文的含义。例如，在翻译一句话时，可以通过添加一个宾语补充说明主语的属性或行为，从而更准确地传达原文的含义。另一个方法是使用拓展性翻译，即通过扩展原文中的描述或细节来丰富译文的内容。这样做能够使译文更加生动、具体，增强读者的阅读体验。

这种方法常用于翻译文学作品或含有丰富意象的文章。通过增加描述和解释，增译法可以使读者更好地理解原文所表达的含义，同时也能够保持原文的风格和语气。举个例子，原文中的一句话可能是“the trees danced in the wind”，直译过来是“树在风中跳舞”，为了让读者更加直观地感受到树木在风中的舞动，翻译时可以增加一些形容词和副词，如“树木在轻风中优美地舞动着”。

### 2. 减译法的应用

减译法通常用于文学作品的翻译。在文学作品中，虽然原文有很多情节、细节和描写，但有时候为了保持节奏和整体意境，翻译时需要适度地减少一些内容，以保留作品的韵味和情感。例如，在小说翻译中，如果原文中有一些冗长的叙述部分，可以通过删减来使译文更加简洁明了。

减译法在科技文献的翻译中有广泛应用。科技文献通常包含大量的专业术语和复杂的句子结构，为了使译文更易于理解，译者可以运用减译法来简化句子或减少冗余的信息。例如，原文中存在过多的修饰性词语或长句子，译者可以通过删除一些细节或者简化相应的表达方式来使译文更加简明扼要。

减译法还可以用于广告和宣传材料的翻译。在广告和宣传材料中，简洁明了的表达非常重要，因此译者需要运用减译法来去除一些冗余的信息，使翻译更具吸引力和说服力。例如，在广告语的翻译中，译者可以通过减少修饰性的形容词或者删除一些废话来使译文更加简洁有力。

3.增译法和减译法在应用上的对比

增译法注重对原文进行补充和扩展，以提供更为详细的信息和表达方式。而减译法则着重于简化和精练翻译文本，使其更加简洁明了。对比增译法和减译法的应用，可以发现它们各有优劣，适用于不同的翻译场景和目的。在实际翻译过程中，译者可以根据具体情况选择合适的方法，以确保翻译文本的质量和表达效果。

## 三、词类转移法与词序调整法

### (一)词类转移法概述

在英语翻译中，词类转移法通过改变原文中的词类，将其转化为适应目标语言语法和表达习惯的词类。这个方法通常用于处理在两种语言之间存在不对等的词类系统的情况。

词类转移法可以将名词转化为动词、形容词或副词，以更好地传达原文的意思。例如，原文中的一个名词短语"the construction of a bridge"可以通过转换为动词短语"building a bridge"来更加准确地表达原文的含义。

词类转移法可以将形容词或副词转化为名词、动词或其他词类，以适应目标语言的表达习惯。例如，原文中的形容词短语"the beautiful sunset"可以通过转换为名词短语"the beauty of the sunset"来更好地表达原文的意思。

词类转移法还可通过将动词转化为名词、形容词或其他词类来实现更好的翻译效果。例如，原文中的动词短语"to conduct a survey"可以通过转化为名词短语"conducting a survey"或形容词短语"a survey conducted"来更准确地表达原文的含义。

在使用词类转移法时，必须确保所转换的词类在目标语言中是合法且符合语法规则的。同时，还应该根据上下文和语境来选择合适的词类转换方法，以确保翻译的准确性和流畅性。

### (二)词序调整法概述

在进行英语翻译时，经常会遇到中英语序列结构的不一致性，即在表达同一个意思时，中英两种语言的词序可能会有所不同。这就需要译者运用词序调整法来进行恰当的调整，以让译文更符合英语的表达习惯。

词序调整法主要包括两个方面的调整，即语序调整和结构调整。语序调整是指改变中文的词序，使翻译后的句子更符合英语的语法规则。而结构调整则是指将中文的句子结构转化为英文惯用的表达方式。

在语序调整方面，译者需要注意的是英语中的主谓宾语序，并将其与中文进行对比。例如，中文中常见的主谓宾的顺序是“主语 ＋ 谓语 ＋ 宾语”，而英语中的顺序则是“主语 ＋ 宾语 ＋ 谓语”。因此，在翻译过程中，译者需要将主语与宾语的位置进行调整，使句子更符合英语的语法规则。

在结构调整方面，译者需要根据不同的句子结构进行变化。例如，中文中常见的并列句结构是“A 和 B”或“A 或 B”，而英语中的表达方式则是“A and B”或“A or B”。因此，译者需要将中文的句子结构调整为英语的习惯表达方式，以确保意思的准确传达。

### (三)词类转移法与词序调整法的应用

在英语翻译中，词类转移法与词序调整法有着广泛应用。这两种方法可以帮助译者更准确地传达源语言的意思，使译文更符合目标语言的习惯用法和语法规则。词类转移法的核心思想是在翻译过程中对源语言的词类进行调整，以使译文更贴合目标语言的表达方式。

举例来说，在将英语文本翻译为汉语时，词类转移法可以用于将名词转化为动词或形容词，使译文更加准确地传达原文的意思。例如，英语句子“His knowledge amazed me”中的名词“knowledge”可以转化为动词“使……感到惊讶”，从而得到汉语译文“他的知识使我感到惊讶”。通过这种转化，译文更贴合汉语的表达方式，同时准确传达了原文所要表达的意义。

而词序调整法则注重源语言的词序和目标语言的词序之间的调整。在翻译过程中，如果源语言的词序不能直接适应目标语言的习惯，译者可以通过调整词序来使译文更加自然流畅。例如，在将英语文本翻译为法语时，英语句子“She is going to the store”中的词序是“主语＋谓语＋宾语”，但在法语中，习惯上是以“主语＋宾语＋谓语”的顺序来表达。因此，译文可以调整为“Elle va au magasin”，其中词序被调整为“主语＋宾语＋谓语”的形式。

### (四)词类转移法与词序调整法的优缺点

在英语翻译中,词类转移法与词序调整法旨在通过调整原文中的词类和词序,来使译文更加准确、流畅,符合目标语言的语言习惯和表达方式。这两种方法均有优缺点。

词类转移法可以解决原文与目标语言之间的词类不匹配问题,通过将原文中的名词、动词等转化为相应的目标语言词类,可以使译文更加自然,并且更好地传达原文的意思。这种方法尤其适合在翻译中遇到的词类不一致或者目标语言中缺乏与原文相对应的词类的情况。

词序调整法可以优化译文的语序,使其更符合目标语言的表达方式。调整原文的词序,可以使译文更加通顺、清晰,并且更易于理解。这种方法特别适用于在翻译中原文中存在的词序错误、冗长或者不够自然的情况。

词类转移法和词序调整法也有一些缺点需要注意。词类转移法可能会导致译文与原文之间的语义差别。由于不同语言之间的词类在语义上存在不同,使用词类转移法可能无法准确传达原文的意思,甚至会造成误解。词序调整法的使用过度或不当可能导致译文不自然、拗口甚至混淆读者。

## 四、分译法与语态变换法

### (一)分译法概述

分译法的基本思想是将源语言的指称成分或短语分开翻译,从而表达出更准确、更清晰的意义。

分译法通过分解复合句中的并列结构或从属结构,使译文结构更加清晰。例如,对于源语言中的“John and Mary went to the park”,可以采用分译法将其分开翻译为“John 去了公园,Mary 也去了公园”。通过这种方式,读者可以更加明确地理解句子中每个成分的关系和意义。

分译法可以通过插入补充性的信息来更好地传达源语言的意思。例如,对于源语言“他很骄傲”,我们可以使用分译法将其翻译为“他以自豪为荣”。通过添加补充信息,“以自豪为荣”更准确地表达了源语言所要表达的情感。

分译法可以通过将源语言的长句分解为若干短句来提高译文的流畅度。例如,对于源语言“她有一头长发,一双大眼睛,皮肤白皙”,可以使用分译法将其翻译为“她长发、大眼睛、皮肤白皙”，使译文更加简洁明了。

## （二）语态变换法概述

语态变换法通过改变句子中动词的语态来实现翻译的效果。在英语中，动词的语态分为主动语态和被动语态。将主动语态转换为被动语态，或将被动语态转换为主动语态，可以达到更好地表达或传递句子信息的目的。

在实际应用中，语态变换法常常用于准确翻译一些含有被动语态的句子。将被动语态转换为主动语态，可以突出动作的执行者，使句子更加明确和直接。同时，语态变换法还可以用于表达一种习惯性或普遍性的动作。例如，原句“这些书可以借阅”可以使用语态变换法翻译为“People can borrow these books”，以更加自然地表达这种行为的普遍性。

在实际应用中，语态变换法还可以用于转换句子的焦点或重点。将句子中的动作执行者变为句子的主语，可以使句子更加突出动作执行者的重要性。例如，“The article was written by John”可以通过语态变换法转变为“John wrote the article”，以突出约翰是主要的动作执行者。

# 第二章　高校英语翻译的内容

## 第一节　高校英语词汇翻译

### 一、英语词汇的特点

#### （一）词汇的形态特性

形态特性指的是英语词汇在结构上的特点和变化方式。英语词汇的形态特性可以分为词根、前缀和后缀三个方面。

词根是词汇的核心部分，是词汇的意义所在。英语词根一般来自拉丁语、希腊语和其他源语言。例如，词根“bio”表示“生命”，而“graph”表示“写”。通过词根的组合和衍生，我们可以构成各种词汇。

前缀是附加在词根之前的字母或音素，能够改变词根原来的意义或加强其语义。英语中常见的前缀有“un -”“re -”和“dis -”等。“un -”可以表示否定，如“unhappy”表示“不快乐”。而“re -”则表示重复或回归，如“rewrite”即表示“重写”。

后缀是附加在词根之后的字母或音素，可以改变词根的词类或词性。常见的后缀有“- er”“- ing”和“- able”等。“- er”可以将词根变为名词或表示人或物的职业或身份，如“teacher”表示“教师”。而“- ing”则可以将词根变为进行时态或现在分词形式，如“running”即表示“奔跑”。

#### （二）词汇的语义特性

在英语词汇翻译中，语义是指词汇所携带的意义和概念。了解和准确表达英语词汇的语义特性是进行翻译工作的基础。

1. 词义的多样性

一个英语词语往往具有多个不同的词义，这为翻译工作带来了一定的困难。译者需要根据具体的语境和语义关联来准确选择相应的译词。

2. 词汇的引申和比喻意义

词汇的引申意义是指在一定的语境下，某些词可以扩展其原有的意义，从而丰富词的表达能力。译者在进行翻译时，需要灵活运用语义推测和词汇衔接的能力，以保持原文的意义，并将其恰当地表达出来。

3. 词汇之间的逻辑关系

在英语中，一些词之间存在逻辑上的联系，如因果关系、对比关系、类比关系等。在翻译过程中，译者应该注意将这些逻辑关系准确地传达出来，以确保译文的逻辑通顺和准确性。

4. 英语词汇的语义特性与不同的语言文化背景密切相关

不同的语言文化对于词汇的概念和意义可能存在差异，因此在翻译英语词汇时，译者需要结合目标语言的文化背景和语境进行，以确保译文的准确性和通顺性。

### （三）词汇的文化特性

由于不同语言和文化之间存在差异，词汇的文化特性对词汇的准确翻译提出了挑战。在高校英语词汇翻译中，需要遵循一些原则和运用一些技巧来解决这一问题。

1. 充分理解词汇所处的文化背景

在进行词汇翻译时，了解源语言和目标语言的文化背景对于准确传达词汇的含义至关重要。只有深入了解源语言和目标语言的文化，译者才能更好地理解词汇所携带的文化内涵。

2. 注意词汇的文化转换

词汇在不同的语言中可能没有直接对应的词汇，这就需要译者进行文化转换。文化转换是一种跨文化交流的重要手段，将源语言的词汇用目标语言的等效词汇或表达方式进行替代，可以更好地传达词汇的文化含义。

3. 灵活运用不同的翻译策略

在翻译涉及文化特性的词汇时，没有一种固定的策略适用于所有情况。译者需要根据具体的词汇和翻译目的，灵活运用直译、意译、比喻等不同的翻译策略，以最大限度地保留词汇的文化信息。

### (四)词汇的功能特性

1. 表达概念和意义

每个词都承载着特定的概念和意义，它们能够帮助读者准确理解原文的含义。在英语词汇翻译中，译者需要识别和选择与原文意思相近的词汇，确保翻译的含义与原文一致。

2. 构建句子和表达语法关系

词汇的选择和使用能够决定句子的结构以及句子中各个成分之间的语法关系。在翻译中，译者需要注意原文中词汇的语法角色和句子结构，合理运用对应的目标语言词汇来传达相应的语法关系。

3. 承担修饰、限定、补充等语义功能

一些词不是仅仅单纯表达一个意义，而是通过修饰、限定、补充等手段来增强其含义或在句子中起到特定的语义作用。在翻译中，译者需要捕捉这些词的语义功能，准确传递它们在原文中所起的作用。

4. 承担情感和修辞

一些词具有强烈的情感色彩或修辞效果，通过其选择和使用来影响读者的情感和态度。在翻译时，译者需要注意原文中这些情感和修辞上的特点，力求在翻译中传达相似的情感感受和修辞效果。

## 二、英语词汇的翻译难点

### (一)词义多样性的翻译难点

英语词汇往往具有丰富的词义，可以在不同语境中呈现出不同的含义和用法。这给译者带来了很大的挑战和困惑。

词义的多样性可能导致翻译的歧义。一个英语词语可能有多种不同的译文，而每个译文都可能不尽相同。因此，在面临多样的词义时，译者需要仔细分析上下文，理解词汇的真正含义，并根据具体语境选择最恰当的译文。译者还要考虑目标语言的表达习惯和文化背景，确保翻译的准确性和流畅性。

词义的多样性可能使翻译的结果产生误解。对于某些具有多义的英语词语，如果译者翻译了一个与原意相去甚远的译文，读者可能会对整个句子或段落产生误解。为了避免出现这种情况，译者应尽力确保所选译文与原意相符，并在需要时进行适当的解释和说明。

词义的多样性会对跨文化传播产生一定的影响。不同语言和文化背景下，对于某些概念和事物的认知和表达方式可能存在差异，这就要求译者在翻译过程中注重文化适应性，避免产生文化冲突或翻译错误。译者应该积极了解源语言和目标语言的文化差异，并在翻译中尽可能保持原文的意义和风格。

### （二）语境对翻译的影响

语境可以包括句子、段落、篇章甚至文化背景等多个层面。不同的语境可以赋予词汇不同的含义和解释，因此在翻译过程中必须考虑语境对词汇的影响。

语境能够帮助我们理解词汇的词义，相同的词在不同的语境中可能具备不同的意思。例如，单词“bank”可以指“银行”，也可以指“河岸”。在翻译过程中，译者需要根据具体的语境来确定正确的词义，以确保准确传达原文的含义。

语境对于词汇的语法功能起着重要的作用。在不同的句子结构中，同一个词可能扮演不同的角色，如主语、宾语或者定语等。这意味着译者在翻译过程中必须综合考虑语境来确定适当的译法，以保证翻译的准确性和通顺度。

语境决定了词汇的情感色彩和隐含意义。同样一个词语在不同的语境中可能会带有不同的情感色彩，或者隐藏着某种特定的意义。在翻译过程中，译者需要借助于上下文来抓住词汇的情感和隐含含义，以更好地再现原文的语气和效果。

### （三）词汇的文化差异翻译难点

词汇的文化差异是英语词汇翻译中一个重要但也相当复杂的难题。由于语言和文化背景不同，词汇在不同语言中往往具有不同的含义、语义范围和文化内涵。因此，将英语词汇准确地转化为另一种语言成为一项具有挑战性的任务。

在进行词汇翻译时，必须充分了解源语言和目标语言的文化背景。每种文化都有其独特的价值观、传统习俗和社会背景，这些因素将直接影响到词汇的翻译。例如，英语中的"friend"可以翻译为中文的"朋友"，但在英语文化中，"friend"更强调亲密关系，而在中国文化中，"朋友"的含义相对宽泛。

在进行词汇翻译时，要注意对源语言中的文化特定词汇进行恰当地表达。有些英语词语在其他语言中没有完全对应的词语，或者存在语义差异。这就需要译者巧妙地运用翻译技巧，如使用类比、解释等手段来解决这一问题。例如，英语中的"tea"可以翻译为中文的"茶"，但若我们要表达英国人的"下午茶"，则可能需要解释或通过举例等方式来说明。

在进行词汇翻译时，语言习惯和谚语也是词汇翻译中的一种文化障碍。不同的语言和文化存在不同的语言表达方式和习惯用语。因此，在进行词汇翻译时，译者不能简单地进行直译，而是要灵活运用目标语言的习惯用语和谚语来适应不同的文化背景。例如，英语中的"Save your breath"可以翻译为中文的"别白费口舌"，通过使用类似的习惯用语，我们能更好地传达源语言的意思。

在进行词汇翻译时，要注意不同文化对于词汇的重视程度。有些英语词语在某种文化中非常重要和常用，但在其他文化中则可能并不常见。因此，在进行词汇翻译时，译者需要根据目标语言受众的文化背景，把握词汇的重要性和使用频率，以便准确传达意思。

### （四）技术词汇的翻译难点

技术词汇的翻译难点主要包括专业性和准确性的要求。

技术词汇的翻译涉及特定学科和行业的专有名词。这些专业术语往往包含着特定的概念和内涵，对于普通读者来说并不容易理解。因此，在翻译过程中需要确保将这些专业性的词准确地传达给目标读者。例如，计算机领域的技术词汇涉及网络架构、编程语言等高度专业化的名词，需要确保译文准确反映其专业概念。

技术词汇的翻译要求准确传达原文的意思，避免歧义。技术领域常常使用简洁明了的词汇来传达复杂的概念和信息。因此，在翻译过程中需要注意准确使用等效词汇，以确保被翻译文本的准确性和流畅性。例如，对于"运行"一词，根据具体语境可以翻译为"operate""function""run"，要根据上下文来选择合适的翻译方式，以确保准确传达原文的意思。

## 三、高校英语词汇翻译的原则

### (一)忠实原则

忠实原则,即在翻译英语词汇时,必须忠实地传达原文的含义和信息,确保译文与原文的一致性。

在词汇翻译中遵循忠实原则的核心在于保持原文词汇的准确性和完整性。译者需要全面理解原文的词义、语境和用法,并努力寻找最贴切的译文来准确传达原文的意思。这要求译者具备扎实的语言基础和深入了解两种语言文化背景的能力。

忠实原则的实施需要译者具备几个关键能力。首先,译者需要具备良好的词汇掌握能力,如对英语词汇的多义性、同义性、近义词的区别等有着清晰的认知。其次,译者需要具备较高的语境理解能力,能够准确捕捉原文中的语境信息,以保证译文与原文在意思上的一致性。此外,译者还需注意词语的精准性,在翻译过程中避免产生歧义或不准确的表达。

### (二)顺应原则

顺应原则强调在翻译过程中要尊重目标语言的语言特点和习惯表达方式。具体而言,就是要根据目标语言的语法结构、词汇搭配、惯用语等因素来选择合适的翻译方式。

#### 1.注重目标语言的语法结构

不同语言的语法存在差异,因此在翻译时要遵循目标语言的语法要求。例如,英语中使用被动语态表达的句子,在中文中常常采用主动语态来翻译。这样可以更贴近中文的表达习惯,使翻译结果更自然流畅。

#### 2.注意目标语言的词汇搭配和惯用语

不同语言中的词汇搭配和惯用语表达方式各有特点。在翻译过程中,译者需要根据目标语言的词汇习惯来选择恰当的表达方式。例如,英语中常用“动词+名词”的方式来表达某种动作,而中文中则常常使用“动词+宾语”的方式。在翻译时,译者可以根据中文习惯,调整动词和宾语的搭配方式,使翻译更符合中文读者的理解习惯。

3. 注重目标语言的惯用表达方式

不同语言的惯用表达方式各有特点。在翻译时，译者可以根据目标语言的惯用表达方式进行调整，使翻译更符合读者的习惯。例如，英语中常用“in the meantime”来表达“与此同时”的意思，而中文中则常用“与此同时”来表达相同的意思。在翻译时，译者可以根据中文的表达习惯，将英语的“in the meantime”翻译成“与此同时”，以使翻译更通顺自然。

## （三）等效原则

等效原则强调的是在翻译过程中要尽可能地寻找与源语言词汇相对应的具有相似意义和功能的目标语词汇。在翻译中，译者常常面临词汇的多义性和语义差异，因此要根据上下文和语境来确定恰当的词汇等效。

等效原则要求译者准确理解源语言词汇的内涵和外延，不仅是对字面意义的理解，还要深入探究它所承载的文化、社会背景和语义关系等。只有深入理解源语言词汇，才能更好地找到与之相对应的目标语词汇。

等效原则要求译者灵活运用同义词、近义词和反义词等技巧，以达到寻找等效词汇的目的。在翻译中，有时一个源语言词语可能对应多个目标语词语，而这些目标语词语往往具有不同的表达风格和语义内涵。因此，译者需要根据具体情况，在保持源语言词汇意义和功能的基础上，选择最适合的目标语词汇进行翻译。

等效原则与文化背景密切相关。在跨文化翻译中，不同语言存在文化的差异，词汇的表达方式和语义内涵也会有所不同。因此，在翻译过程中，译者需要考虑到目标语词汇在文化上的适应性和可接受性，以便更好地实现等效翻译。

## （四）功能对等原则

功能对等原则着眼于词汇在句子中的功能和作用，力求在翻译过程中保持原文和译文在功能方面的对等性。具体而言，功能对等原则要求在翻译时，将原文词汇的功能和意义准确地传达给读者，并确保译文在表达方式和句意上与原文相对应。在运用功能对等原则进行英语词汇翻译时，有如下几个需要注意的关键点。

译者应该深入理解原文中词汇的功能，包括其在句子中的作用、修饰对象以及所表达的意义。仅仅将词语的表面意义转换成译文是不够的，还要考虑到其在整个句子语境中的作用，确保译文在功能上与原文保持对等。

功能对等原则要求译者注重句式和语法结构的转换，以保持句子的流畅和完整。译者应根据原文中词汇所在的句子结构和语法规则，恰当地选择对应的翻译方式。有时候，为了保持功能对等，可能需要进行句式调整或者使用不同的短语和表达方式。

在运用功能对等原则进行词汇翻译时，译者还应当考虑到目标读者的语言习惯和理解水平。译文不仅要忠实于原文的功能和意义，还要经过恰当的语言调整，使其在目标语言中更易于理解和接受。译者可以根据目标读者的背景和阅读习惯，合理选择翻译方式和表达方式，以实现最佳的功能对等效果。

## 四、高校英语词汇翻译的技巧与策略

### （一）直译和意译的运用

直译指的是根据原文的字面意思进行翻译，尽量保持原文的结构和语法。这种方法在某些情况下非常有用，特别是当原文的语言和文化特点对于目标语言来说具有一定的吸引力或是需要保留的时候。

意译则是指在翻译过程中将原文的意思进行重新表达，通常会根据目标语言和文化的习惯进行相应的调整。意译可以帮助我们更好地传达原文的意思，尤其是在遇到词汇差异、习语、表达方式等方面的情况下。

在实际翻译中，译者需要根据具体的情况选择直译或意译。有时候，直译可以帮助读者更好地理解原文的内涵，但也可能导致目标语言的不流畅或者表达不准确。而意译则可以在解决词汇难点、文化差异等方面发挥重要作用，但也需要注意不要过度改变原文的意思和风格。

在高校英语词汇翻译中，既可以运用直译的方法准确传递原文的要点，又可以运用意译的方式增加对目标语言读者的吸引力。同时，灵活运用这两种方法可以帮助我们更好地实现跨文化交流和理解。

### （二）词义选择的技巧

正确的词义选择能够确保翻译的准确性和表达的恰当性。下面介绍几种常用的词义选择技巧。

1. 考虑词义的语境

词义往往是根据上下文来确定的。在进行翻译时，译者需要仔细分析句子或段落的语境，理解原文的意思，然后选择与其相应的词义进行翻译。例如，在翻译一段描述天气的句子时，译者可以根据上下文的描写和语气来选择恰当的词义，如“sunny”可以翻译为“晴朗的”或“阳光明媚的”。

2. 考虑词义的义项

许多英语单词有多个义项，译者需要根据上下文来选择合适的义项进行翻译。有时候，一个词在不同的上下文中可能具有不同的义项，译者需要仔细分析句子的语法结构和语义，选择与之相符的词义。例如，“bank”一词可以表示“银行”或“堤、岸”，译者需要根据上下文的语境来判断是指哪个义项，如“sitting by the bank”可以翻译为“坐在岸边”。

3. 考虑词义的词性

同一个词在不同的词性下可能具有不同的词义，译者需要根据句子的语法要求和意义的需求来选择合适的词性进行翻译。例如，“change”可以作为名词或动词，根据语境来选择相应的词性，如“make a change”可以翻译为“做出改变”，而“small change”可以翻译为“零钱”。

4. 注意选择与原文意图相符的词义

在翻译中，译者要尽量保持原文的意思和风格，选择与其相符的词义。有时候，在不同语言中，同一个词可能有微妙的差异，译者需要根据原文的语气、情感和文化内涵来选择合适的词义。例如，在翻译一篇文学作品时，译者需要选择那些与原文风格相符的词义，以保持文学品位和艺术表达。

### （三）对等与借译策略

对等与借译是英语词汇翻译中常用的两种策略，它们在不同场景下有不同的应用。对等翻译是指在翻译过程中将英语词汇直接对应地翻译成中文，而借译则是指在遇到某些特定的词时借用中文中与之相应或相近含义的词进行翻译。

对等翻译的核心思想是尽量保留英语原文的词汇特点和文化内涵。当英语词汇比较具体、易于理解时，译者可以直接将其翻译成中文对应的词汇。例如，英语中的“book”直译成“书籍”,“tree”直译成“树”。这种方式简洁明了,能够准确传达英语词汇的意义。

有时候,我们会遇到一些在语言表达方式上差异较大的英语词语,此时对等翻译就显得力不从心。例如,英语中的“chip”,在不同语境下可指“芯片”“薯片”或“碎片”等。在这种情况下,借译策略便能够发挥作用。译者可以根据语境和词汇内涵,在中文中找到与英语词汇相应或相近含义的词汇进行翻译。比如,当“chip”指“芯片”时,翻译为“集成电路芯片”;当“chip”指“薯片”时,翻译为“炸薯片”。

对等与借译策略的选择需要结合具体的翻译场景来进行判断。对等翻译适用于那些词汇意义明确,不易产生歧义的情况,而借译策略则能够弥补语言之间的差异,更好地传达文化内涵与情感色彩。

在高校英语词汇翻译中,需要综合考虑对等与借译策略的运用。对于常见的词汇,可以采用对等翻译,以保持翻译的准确性。而对于特殊或语言差异较大的词汇,借译策略能够更好地传达其含义,使翻译更具灵活性和准确性。

### (四)创新翻译策略

在实现对原文意思准确传达的同时,创新翻译需要注重在目标语言中产生新的表达方式和思维模式。下面介绍几种常见的创新翻译策略。

1. 增加细节

在翻译时,译者可以通过补充一些相关的背景信息或具体的描述来丰富目标语言中的词汇表达。例如,原文中的一个简单词语可能只表示一个简单的概念,而创新翻译的策略可以是增加适当的修饰词或短语,以展开该词语更丰富的内涵。

2. 采用新的隐喻或类比

有时候,原文中的词汇在目标语言中并无直接对应的词汇,这时候译者可以运用隐喻或类比的手法,将原文的意思以一种新颖的方式呈现出来。这种方式可以激发读者的联想和理解,并达到与原文意义相符的效果。

3. 变换语体或情感色彩

有些原文中的词可能具有较强的情感色彩或特定的语体。在翻译时,译者可以根据目标语言的习惯和规范来对词汇进行适当的转化。例如，将一些形式较正式的词转化为形式较为口语化的表达，或者将一些表达强烈情感的词转化为形象生动的词语，以达到更好的效果。

4.运用目标语言的特点和特色进行词汇表达

每种语言都有其独特的文化和表达方式，因此在翻译中，译者可以利用目标语言的文化内涵和表达习惯，将原文中的词汇巧妙地转化和呈现。这样不仅可以实现准确的传达，还能使译文更具文化特色。

## 第二节　高校英语句子翻译

### 一、英语句子的特点

#### （一）句子结构的特点

1.清晰简洁

英语句子通常采用主谓宾的基本结构，即主语在句子的前面，谓语动词紧随其后，宾语位于谓语动词之后。这种结构使英语句子整体结构清晰，读者能够迅速抓住句子的核心内容。

2.灵活多变

除了基本的主谓宾结构，英语句子还可以通过使用从句、状语等手段增加句子的表达能力。从句可以用来表示条件、原因、结果等关系，状语则可以修饰句子的时间、地点、方式等。这种灵活性使得英语句子有更多的表达方式和表达效果。

3.深入浅出

英语句子在表达时常常采用简洁明了的句子结构，尽量避免使用冗长复杂的结构，以减少读者的阅读负担。这种句子结构的设计使得信息传递更加直接明了，读者能够更快地理解句子的含义。

4.传达信息有序

英语句子通常会根据信息的重要性和次序进行排列，让读者能够顺利获取句子中的主要信息。这种有序的排列方式使得句子的信息传达更有条理，读者能够更好地理解句子的逻辑关系。

## (二)语法特点

在英语句子的翻译过程中，语法特点是需要重点关注的一个方面。英语句子的语法结构与中文存在许多差异，因此正确理解和翻译英语句子的语法特点是保证翻译质量的关键之一。

英语句子的语序常常与汉语句子不同，英语句子通常采用“主语＋谓语＋宾语”的结构，而汉语句子的语序则较为灵活。在翻译过程中，译者需要准确把握英语句子的语序，避免因语序不符而导致句子不通顺或表达的含义发生偏差。

英语的时态体系相对较为复杂，包括一般现在时、过去时、将来时等多种时态形式。而在中文中，时态的表达相对简洁明了。因此，在翻译英语句子时，译者需要准确把握句子的时态，以确保译文的准确性和一致性。

英语句子中存在被动语态。被动语态在英语中较为常见，但在中文中使用较少。翻译时，应根据具体语境和句子的含义判断是否采用被动语态，以使译文更准确地传达原文的意思。

英语句子的修饰成分也有其特点，英语中的修饰成分更加注重准确表达，并且修饰词的位置相对固定。而在汉语中，修饰成分的位置更灵活，可以根据需要进行调整。因此，在翻译英语句子时，译者应该注意处理好修饰成分与被修饰词之间的关系，使译文更具准确性和连贯性。

## (三)语义特点

1.词汇的多义性

英语词汇往往具有丰富的意义，一个词可能有多个不同的词义和用法。在翻译过程中，译者需要根据上下文的语境和句子的整体意义来准确理解并选择恰当的译词。例如，英语单词“run”可以表示跑步、运行或经营等不同意义，译者必须根据具体语境来确定最合适的翻译。

2. 短语和句子的歧义性

短语和句子在语义上可能存在多种解释，这对我们选择正确的翻译方式提出了要求。例如，英语表达“break a leg”在一般情况下是一种祝福的表达，意为“祝你好运”，但在特定的戏剧行业中，它实际上是庆祝演员演出成功的一种打招呼方式。在翻译时，译者需要具备足够的语境和文化背景知识，这样才能准确传达原文的意义。

3. 上下文的重要性

英语句子的语义往往依赖于上下文来确定其准确的意义。上下文包括句子前后的语境信息、连词的使用、句子的语法结构等。在进行英语句子翻译时，译者必须全面考虑上下文的影响，以确保翻译结果能够传达原文的意思并符合整体语境。

## 二、英语句子的翻译难点

### （一）词义选择的难点

在英语句子翻译过程中，词义选择是一个相当重要的方面。然而，很多时候我们会面临词义选择的困扰，特别是当目标语言和源语言之间存在一定的差异时。这导致我们在翻译过程中遇到了一些难点。

不同语言之间的词义并不总是完全相同的，有时候，一个词在源语言中具有多种翻译方式，或者在目标语言中存在多种词来表达一个意思。因此，译者需要根据上下文和句子的语境准确选择合适的词义来表达句子的意思。

一些词在不同语境下可能产生不同的译义，这就需要译者研究原文句子的语境，并根据上下文和目标语言的语言规则来确定最合适的译义。例如，在汉语中，“颜色”一词可能包含了形容色彩的意思，但在英语中，我们可能需要根据具体的语境来选择“color”或者其他相关的译词。

一些专业词汇和行业术语的翻译也会带来词义选择困难，在翻译过程中，译者需要理解这些专有名词和术语的准确含义，并找到目标语言中最贴切的译词。这需要译者掌握领域知识和专业术语以及对语言用法和语法规则的灵活运用。

在应对词义选择的难点时，我们要善于利用各种工具和资源。例如，可以使用在线词典、语料库和翻译记忆库来查找相关词义和翻译例句，帮助我们做出更准确的选择。

### （二）语法结构转换的难点

在英语句子翻译过程中，语法结构转换是一个相当复杂的难点。英语和汉语之间有着明显的语法差异，因此在翻译过程中需要进行适当的语法结构转换。这个过程要求译者具备深厚的语言功底和灵活的表达能力。

1.主谓宾结构转换

英语句子中，主语往往出现在句首，而汉语中主语出现的位置可以灵活变换。因此，在翻译时，译者需要根据上下文和语义要求进行主谓宾结构的转换，以准确表达原文的意思。

2.语态转换

汉语中的主动语态更加常见，因此当翻译被动语态时，需要将其转换为相应的主动语态以符合汉语的表达习惯。同时，还要注意在主动语态中保持句子结构平衡和语义完整。

3.倒装结构转换

在英语中，倒装结构常常用于强调句子的某个部分，而在汉语中，这种结构往往并不常见。因此，在翻译时，需要对倒装结构进行合理的转换，以保持句子的自然流畅和表达的准确性。

除以上几种常见的语法结构转换难点外，还有一些其他的复杂情况，如英语中的宾语从句、定语从句等。这些从句在汉语中往往要进行改写或者重新构思，以符合汉语的表达规范和语法习惯。

### （三）文化差异带来的难点

在英语句子翻译过程中，文化差异是一个不容忽视的因素，但是文化差异也常常带来一些翻译的难点。文化差异导致了词汇和表达方式的不同，在不同的文化背景下，人们对于事物的认知和表达方式会有所不同。这就需要我们在翻译英语句子时要充分考虑目标语言的文化差异，以便准确传达原文的意思。

文化差异可能涉及习惯用语和成语的翻译。习惯用语和成语是每种语言中都存在的一种特殊表达形式。由于不同国家和地区的文化背景不同，习惯用语和成语在不同语言中的表达方式往往会有所不同。在翻译英语句子时，译者需要注意选择合适的目标语言的习惯用语和成语来传达原文所含的意义。

文化差异还可能带来对词汇文化内涵的理解和传达的困难。有些词在英语中可能有着独特的文化内涵，而这种内涵在其他语言中往往无法完全对应。这就需要译者在翻译过程中注意在确保准确传达原文意思的基础上，尽可能地传达出词汇所包含的文化内涵。

## 三、高校英语句子翻译的原则

### （一）忠实原则

在高校英语句子翻译中，忠实原则要求译者尽可能地忠实于原文的意思和表达方式。忠实原则的核心在于确保译文准确地传达原文的信息，使读者正确理解作者的意图。

在遵循忠实原则的基础上，译者需要注意一些细节。首先，译文需要保持相同的语气和语调。如果原文是正式的，译文也应该采用相应的正式语言风格；如果原文是口语化的，译文也应该保持相应的口语化特点。

对于一些固定搭配和习语，译者需要尽量保持原文的方式。例如，在英语中有一句常用的表达是“take into account”，直译过来就是“考虑到”。为了遵循忠实原则，译文应该尽量保留这种固定搭配的表达方式。

译者还需要注意一些文化差异。某些词语或表达在不同的文化背景下可能具有不同的意义，译者应该根据具体的上下文来确定合适的翻译策略，以确保译文能够忠实地传达原文的文化内涵。

### （二）通顺原则

在高校英语句子翻译过程中，通顺原则的主要目的是保持译文在语言表达上的流畅和自然，使读者能够顺畅地理解和接受所译的句子。

#### 1. 注意句子的语法结构和语序调整

英语和汉语在语法结构上存在诸多差异，因此在翻译时需要适当地进行调整。比如，英语中的“主语＋谓语＋宾语”结构，在中文中常常需要进行调整，保持表达顺理成章。同时，要注意确保翻译后的句子在语法上的正确性，避免出现典型的中式英文，如字面直译或者词序颠倒。

2.注意翻译的流畅性和表达的自然度

翻译的目的在于使译文传达出和源语言相同的意思，但并不要求逐字逐句地翻译。为了保持句子通顺，有时需要进行适当的加词、减词、调整词序等操作。这样可以使译文更符合中文的表达习惯，使读者能够更自然地理解所传达的意思。

3.注意上下文衔接

在翻译过程中，译者不仅需要关注词语的翻译，还需要考虑到句子与前后文的关系。合理利用代词、连接词等手段，使译文与上下文相衔接，使句子在整体上更具连贯性。

4.注重审美和修辞的翻译

在诗歌、文学作品以及其他具有修辞手法的文本中，保持译文的韵律、押韵或修辞效果对于保持句子通顺至关重要。为了使译文在修辞上与原文相一致，需要灵活运用翻译技巧和策略，有时甚至需要进行意译，从而使译文更符合中文修辞的要求。

### (三)精确原则

精确原则要求译文在保持原意的基础上，尽可能准确地传达原文的语义和信息。在进行英语句子翻译时，译者需要注意以下几个方面。

在进行英语句子翻译时，译者应该正确理解原文的具体含义和用词选择。译者需要深入分析原文的语境和上下文，把握作者的意图和表达方式。只有准确理解原文，才能进行精确的翻译。

在进行英语句子翻译时，译者应该注重原文的句子结构和语法规则。精确原则要求译文尽量保持与原文相同的结构和语法特点，以便读者能够准确理解译文的句子结构和逻辑关系。译者需要注意动词时态、语态、名词和代词的一致性等语法要求。

在进行英语句子翻译时，译者要注重准确传达原文的专有名词、术语和特定表达。这些专有名词和术语在英语句子中往往具有特定的含义和用法，因此译者需要对其进行准确的翻译，避免出现歧义或误解。

在进行英语句子翻译时，译者需注意原文中的修辞手法和表达方式。一些修辞手法，如比喻、拟人等，需要译者进行恰当的转换和表达。此时，译者需要运用丰富的语言技巧和表达方式，以保持原文的艺术美感和准确性。

在进行英语句子翻译时，译者应注意不要过度解释或增减原文的信息。精确原则要求译文具有与原文相同的信息量和语义表达。译者应避免过度解释原文或删减原文的重要信息，以免造成意思偏差或不完整表达。

### （四）文化适应原则

在高校英语句子翻译中，一句话的翻译，不仅仅是简单地将原文的词语替换成目标语的对应词语，更需要考虑目标语言的文化背景和习惯用法。因此，文化适应原则是高校英语句子翻译不可或缺的一环。

在进行英语句子翻译时，译者要充分了解目标语言的文化背景和社会习俗。每个国家和地区都有独特的文化传统和价值观念，语言使用也会有所差异。例如，英语中的一句口头禅在中文中可能没有对应的表达方式，某个中文成语在英语中并不常用。因此，译者需要通过学习和研究目标语言的文化，来适应并准确传达原文的意思。

在进行英语句子翻译时，译者要注意隐喻和象征。一些句子中可能存在隐喻或象征的表达方式，这就需要译者在翻译过程中更加细致入微地把握原文的含义，并找到目标语言中合适的表达方式。例如，英语中常用的“猫头鹰”作为智慧的象征，在中文中可以使用“聪明如狐”来进行翻译。这样不仅能够传达出原文的意义，还能够带给读者相应的文化感受。

在进行英语句子翻译时，译者需要注意避免文化冲突和误解。不同文化之间的差异可能导致在翻译中出现误解，甚至引起文化冲突。因此，译者需要在翻译过程中更加谨慎、周到地考虑原文和目标语言文化之间的差异，并寻找一个能够在两种文化之间建立桥梁的翻译方式。例如，某个中文成语在英语中可能没有准确的对应词语，译者可以通过解释或者提供类似意义的英语表达来适应目标语言的文化背景。

## 四、英语句子翻译的技巧与策略

### （一）词义转换技巧

由于英语和汉语在词义上存在差异，因此译者需要灵活运用各种转换技巧，以准确传达原文的意思。

1.利用同义词或近义词进行词义转换

英文中的某个词在中文中可能没有完全对应的词，此时译者可以寻找意思相似或相近的词进行替换。例如，将英文中的“beautiful”翻译为“漂亮”，就是一个常见的同义词转换。

2.运用上下文和语境进行词义转换

有时候，一个词在句子中的具体语境会决定其含义。在翻译过程中，译者应该充分考虑到原文中所提供的上下文信息，以正确理解和转换词义。例如，英文中的“dog”可以有多种含义，根据句子上下文，可以将其翻译成“狗”“犬”等不同的词语。

3.根据特定领域或学科的术语进行翻译

不同领域和学科可能会有许多特定的术语，这些术语在翻译过程中应该保持一致。因此，译者应该寻找准确的术语来表达原文的意思，以确保翻译的准确性和专业性。

4.借助比喻和类比等修辞手法进行词义转换

有时候，某个词在中文中可能没有直接对应的词语，但可以通过比喻或类比的方式来传达原文的含义。这需要译者在翻译过程中有一定的创造力和灵感，以找到一个恰当的词来传达原文的意思。

### (二)结构转换技巧

在英语句子翻译过程中，结构转换是一项重要的技巧。英语句子和汉语句子在句子结构上有一些差异，因此在进行翻译时需要进行相应的结构转换。下面介绍几种常见的结构转换技巧。

1.平行结构转换

英语句子经常使用并列结构来表达相似的意思，而汉语句子通常采用递进或连词等方式进行表达。因此在翻译时，译者可以将两个并列的英语句子转换为一个递进的汉语句子，或者通过使用适当的连词来表达相同的关系。

2.倒装结构转换

英语句子中经常使用倒装结构来强调某个部分或改变语序，而汉语句子通常采用其他方式进行表达。在翻译时，译者可以考虑恢复英语句子中的倒装结构，或者采用其他表达方式来保持原句的语义。

3.从句转换

英语句子经常使用从句来进行修饰或补充说明，而汉语句子可以采用不同的结构来表达相同的意思。在翻译时，可以将英语句子的从句转换为汉语句子的其他结构，如状语、定语等，以达到准确传达原意的目的。

## （三）文化适应策略

由于不同文化背景下的语言和思维方式存在许多差异，直译往往无法准确传达原文的意思。因此，译者需要采取一系列的文化适应策略，以确保翻译的准确性和自然度。

在进行英语句子翻译时，译者应该深入了解源语言和目标语言所属文化的特点和习惯。文化是语言的重要组成部分，不同的文化背景下，词汇、表达方式、习语等都有所差异。通过了解并熟悉目标语言的文化内涵，译者能够更好地把握翻译的准确性和合理性。

在进行英语句子翻译时，译者要注意避免直译的陷阱。直译是最容易陷入误区的翻译法之一，特别是在文化差异较大的情况下。译者应该学会灵活运用翻译技巧，以使翻译结果更贴近目标语言的语言习惯和文化背景。例如，源语言中使用了某个具有特殊含义的习语，译者可以考虑使用目标语言中具有类似含义的习语或者传达相似意思的表达方式，以达到最佳的翻译效果。

在进行英语句子翻译时，译者需要考虑社会和历史背景因素。不同文化在不同的历史时期和社会背景下有着不同的价值观和思维方式。译者需要了解源语言句子所处的具体背景，以便将其转化为目标语言中相应背景下习惯的表达方式。

在进行英语句子翻译时，译者应该不断学习和积累经验。理解文化适应的策略是一个逐渐培养的过程，译者需要通过不断的实践和反思来提高自己的能力。不同文化背景下的英语句子翻译需要译者具备广阔的知识面和敏锐的观察力，只有通过不断学习和积累经验，译者才能在翻译过程中做出准确、自然的选择。

# 第三节　高校英语语篇翻译

## 一、英语语篇的特点

### (一)语篇的内在逻辑性

语篇的内在逻辑性是指在一个完整的语篇中,各个句子、段落之间存在一种有机的联系和合理的组织,这种联系和组织是通过语义的连贯性、衔接性和逻辑关系来实现的。

语篇的内在逻辑性体现在语义的连贯性上。语义连贯性是指一个语篇中的信息应该在表达上连贯一致,避免出现矛盾和模棱两可的信息。例如,在描述一个事件的过程时,应该根据时间和因果关系正确地表达各个事件的发生顺序和原因结果。只有保持语义的连贯性,读者才能理解作者的意图和所传达的信息。

语篇的内在逻辑性体现在句子和段落之间的衔接性上。衔接性是指通过各种衔接手段使句子和段落之间有机连接起来,形成一个整体的语篇结构。其中,过渡词是常用的衔接手段之一,如"此外""然而""因此"等。还可以通过代词的使用、重复关键词等方式实现句子和段落的衔接。巧妙地运用这些衔接手段,可以使语篇的结构更加紧凑和有序。

语篇的内在逻辑性还体现在句子和段落之间的逻辑关系上。逻辑关系是指句子和段落之间的信息之间存在某种逻辑上的联系,如因果关系、比较关系、并列关系等。明确和恰当地表达这些逻辑关系,可以使语篇的内容更加清晰和准确。例如,当描述一个问题时,可以使用"由于""因此"等词语来表示因果关系,从而使读者能够更好地理解问题的原因和结果。

### (二)文化背景的影响

文化背景包括社会、历史和文化因素等多个方面的内容。这些因素会直接影响到语篇的产生和理解方式,因此在翻译时,必须仔细揣摩源语言的文化背景,并将其转化为适应目标语言文化背景的方式。

文化背景会影响到语篇的重要主题和意义。不同的文化背景下,人们对于某一主题的理解和观点可能会有所不同。因此,译者在进行语篇翻译时要注意捕捉到源语言的重要主题，并将其准确地传达到目标语言中。这涉及对于两种语言文化的深入了解和敏感度。

文化背景会影响到语篇中所涉及的文化细节。这些细节可能包括特定的传统、习俗、典故和象征意义等。在翻译过程中，译者需要妥善处理这些文化细节，确保其能够在目标语言中传达出来，并且能够使读者理解和产生相应的共鸣。

文化背景还会对语篇中的语言风格产生影响。不同的文化有着不同的语言表达方式和习惯用语。在翻译语篇时，译者需要适应目标语文化的语言风格，并使用合适的词汇和句型来传达源语言中的语言风格和韵味。

### （三）语言风格的多样性

1.语言风格的定义与特点

语言风格是指在语篇中表现出来的独特的语言特征和风格倾向。在英语语篇翻译中，理解和传达源语言文本中的语言风格是一项具有挑战且关键的任务。语言风格的多样性使得译者需要不断调整自己的翻译策略和技巧，以确保翻译的准确性和自然度。

2.影响语言风格的因素

（1）社会文化因素

语言风格是社会文化背景的反映，不同的社会文化背景会产生不同的语言风格。在翻译过程中，译者需要注意源语言和目标语言之间的文化差异，尤其是在处理语言风格时。例如，一些西方国家的语言风格可能更加直接和简洁，而一些东方国家的语言风格则更加委婉和含蓄。译者需要灵活运用适当的翻译策略来传达不同文化背景下的语言风格。

（2）专业领域因素

每个专业领域都有其特定的语言风格，如科学、法律、商业等。译者在处理不同专业领域的语言风格时，需具备相应的背景知识和专业术语的理解能力。翻译时应避免简单的直译，而要根据目标语言的语言风格规范和专业习惯，适当调整和转换语言表达方式。

3.语言风格的翻译策略

（1）等价转换策略

在处理语言风格时，译者可采用等价转换策略，将源语言的特定风格转化为目标语言中相应的风格特点。例如，当源语言文本中使用了较为幽默或诙谐的语言风格时，译者可以考虑在目标语言中运用相应的幽默或诙谐表达来传达同样的感觉。

(2)调整语言风格策略

译者在处理语言风格时，需要根据目标读者群的特点和需求，适当调整语言风格。例如，在翻译英语科技文档时，应该采用正式、严谨的语言风格，而翻译英语儿童文学作品时，则应使用简单、通俗的语言风格，以适应不同读者的阅读需求。

4.语言风格的翻译技巧

(1)丰富词汇的运用

为了更准确地传达源语言的语言风格，译者需要拥有丰富的词汇储备并能够准确把握不同词汇的内涵和外延。根据源语言文本所呈现的语言风格，译者需灵活运用具有相应风格特点的目标语言词汇，以确保翻译的自然度和准确性。

(2)注重上下文的理解和传达

语言风格是源语言文本整体上的表现，译者在翻译时应全面理解源语言文本的上下文，尽可能准确地传达其中所体现的语言风格。通过把握上下文语境，译者能够更好地捕捉和转化源语言文本中的语言风格特点。

## 二、英语语篇的翻译难点

### (一)语言的表达差异

不同语言之间存在词汇、语法和句式等方面的差异，这些差异给翻译工作带来了很大的困扰。

1.词汇的差异

在翻译过程中，经常会遇到一些词没有直接对应的情况，这就需要译者根据上下文和语境进行适当的调整和处理。此外，在语法和句式方面，不同语言之间的结构和规范也有所不同。这就需要译者具备深厚的语言功底和语法知识，能够准确理解原文的结构和意义，并能够恰当地将其转化为目标语言的句式和结构。

2.语言习惯和表达习惯的差异

比如,英语中使用被动语态来表达客观事物,而汉语则多使用主动语态。这就需要译者能够根据句子的含义和上下文合理选择句式,以保证译文流畅和准确。另外,一些习语、成语和俚语等也是语言表达差异的一部分。这些语言特点常常是难以直接翻译的,需要译者具备文化背景和语言运用的综合能力,如此才能准确传达原文的意义。

为了克服语言表达差异带来的困难,译者在翻译过程中可以采取一些技巧和策略。首先,可以多参考语料库和平行语料,通过对比和分析不同版本的翻译,从中学习和借鉴合适的表达方式。其次,可以将翻译与写作结合起来,注重译文的语言质量和流畅度,使其更贴合目标语言的语境和表达习惯。最后,细致入微的检查和校对工作也是不可或缺的。通过反复校对和修改,译者可以发现和修正可能存在的语言表达差异问题,提升译文的品质。

### (二)文化背景的理解难题

1.语境差异

在进行英语语篇翻译时,我们经常会面临文化背景差异,这就导致了语境差异。语境是决定句子意义的重要因素之一,它包含了文字表达外的背景信息和文化内涵。而不同的文化背景往往会导致对语境的不同理解。这就对翻译工作提出了挑战。为了准确地传达英语语篇的意思,译者需要深入理解原文语境,同时需要具备丰富的背景知识和文化内涵。

2.习惯用语的转化

文化背景的差异还表现在习惯用语的转化上。习惯用语是指语言社群中具有独特意义和使用习惯的固定词组。在英语语篇中,习惯用语的使用频繁且具有特定的文化内涵,因此对于译者而言,如何恰当地转化习惯用语成为一个重要的问题。在进行英语语篇翻译时,译者需要注意将习惯用语转化为目标语言中具有相似或能传达相近意义的习惯用语,以准确传达原文的意思。

3.典故的翻译难题

英语语篇中常常会出现一些典故,它们具有特定的文化内涵和历史背景。典故的翻译不仅要求译者准确传达原文的意思，还需要让读者在目标语言中能够理解和领会典故所蕴含的文化内涵。因此，在进行英语语篇翻译时，译者需要具备丰富的文化知识，了解不同文化中的典故，以便将其准确地传达给读者。

### （三）专业词汇的翻译问题

专业词汇的特殊性使得其翻译需要更为准确和精确，因为一个不恰当的译词可能会导致信息的丢失或者产生误解。在进行专业词汇翻译时，需要注意以下几个方面的问题。

对于专业领域的术语，应该优先考虑直接照搬或者有相似意义的专业词汇。在英语语篇中，这些术语往往具有特殊的含义和用法，而且在整个篇章中呈现出较高的频率。因此，保持术语的一致性是十分关键的。翻译时，译者应该避免直接用一般性词汇来替代专业术语，而要寻找与之最贴切的表达。这需要译者对比和深入理解源语言和目标语言术语，以确保翻译的准确性和专业性。

对于那些没有直接对应的专业词，需要使用更为灵活的翻译策略。这可能包括使用解释性的翻译、在括号内注释原词含义，或者使用类似功能的目标语言词汇。在这种情况下，需要对源语言的意义和表达方式进行深入分析，并结合目标语言的表达习惯和特点，找到最合适的翻译策略。

对于那些具有多义性的专业词，需要根据上下文和语境进行恰当的选择。在同一篇英语语篇中，一个词语可能会因为不同的语境而产生不同的意义。因此在翻译时，译者需要仔细研究语境，理解词汇的实际含义，并确保翻译准确和恰当。

在处理专业词汇的翻译时，译者还需要进行相关背景知识的积累和研究。在不同的领域中，专业词汇的表达可能会有所不同，因此译者需要对相关领域的知识进行了解和学习，以便更好地理解和翻译专业词汇。

## 三、高校英语语篇翻译的原则

### （一）忠实原文原则

忠实原文原则要求译者在翻译过程中尽可能忠实地保留原文的意思、风格和语言特点。在进行高校英语语篇翻译时，译者应该注重原文的细节，全面理解原文的含义和表达方式。

1.确保译文与原文之间的准确性

译者需要细致入微地解读原文中的每个词语和句子，在准确理解原文的基础上进行翻译，以确保译文能够准确地传达原文的意思。译者还要注意避免译文中出现歧义和模棱两可的表达，要尽量避免给读者带来困惑。

2.保持原文的语言风格

每种语言都有自己独特的表达方式和风格，译者在翻译过程中应该尽量保留原文的语言风格，使译文更加贴近原文的风格和语言氛围。这样可以让读者感受到原文的真实性和独特之处，并且更好地理解和接受译文。

3.保持译文与原文在结构和篇章层面的一致性

对于长篇文章或复杂的语篇，译者需要仔细考虑原文中的段落划分、连接词、篇章转换等内容，以确保译文能够保持原文的语篇结构和逻辑连贯性。

4.进行适当的调整和变通

这意味着译者需要运用合适的目标语言表达方式和文化背景，使译文更加易于理解和接受。在进行高校英语语篇翻译时，译者需要注重培养自己对目标语言读者的理解和把握能力，以便更好地传达原文的信息。

## （二）适应目标语言读者原则

在进行翻译时，译者不仅要考虑文本本身的内容和风格，还要注重目标语言读者的理解和接受程度。这个原则涉及语法、词汇、语用以及语篇风格等多个方面。

在语法方面，需要注意目标语言的句式结构和语法规则。不同语言的句式结构可能存在差异，因此在翻译时，译者需要进行相应的调整和转换，使目标语言读者能够更加顺利地理解句子的意思。另外，还要注意目标语言的时态、语态、语气等语法特点，以确保翻译的准确性和流畅性。

在词汇方面，需要选择适当的词汇来表达原文的意思。不同语言的词汇有着不同的内涵和语义，因此译者需要根据目标语言的特点选择合适的词。有时候，直译可能会导致意思的偏颇或者不准确，因此译者需要进行意译或者调整，使目标语言读者能够更加贴近原文的意图。

在语用方面，需要考虑目标语言的文化背景和语言习惯。不同的语言和文化有着不同的表达方式和交际习惯，因此译者需要借助目标语言的文化知识来进行翻译。这包括对习语、俚语、文化隐喻等的理解和运用，以保持目标语言读者的语篇连贯性和自然性。

在语篇风格方面，需要尽可能地维持原文的语篇风格。语篇风格包括文体、篇章结构、修辞手法等多个方面。在进行翻译时，译者需要注意保持原文的紧凑性、表达力和严谨性。同时，译者还要关注目标语言的语篇特点，使翻译的语篇风格与目标语言的文化和习惯相契合。

### (三)尊重文化差异原则

不同的语言和文化背景之间存在巨大的差异，因此在进行翻译时，译者不能简单地将原文的内容直译过来，而是需要根据目标语言和文化的特点进行恰当的转换和调整。

尊重文化差异意味着要了解原文中所涉及的文化内涵，并将其适当地转换成目标语言和文化所能理解和接受的形式。例如，在英语中有很多与习语、俚语和谚语相关的表达方式，而这些在其他语言中可能没有对应的表达。因此，在进行翻译时，译者需要根据目标语言的文化背景，选择合适的表达方式，确保信息的准确传达和文化内涵的有效传递。

尊重文化差异意味着要注意原文中可能存在的文化敏感问题，并避免给读者带来不必要的困惑或误解。在高校英语语篇中，可能涉及一些与特定文化、习俗、宗教等相关的内容，需要译者在翻译时进行适当的调整和解释，以确保目标语言读者能够准确理解并接受这些信息。

尊重文化差异还要在翻译过程中保持审慎和谨慎。即使是在相同的语境下，不同的文化可能对同一件事物有不同的看法和理解，因此译者在进行翻译时要慎重选择合适的表达方式，避免产生误解或冲突。同时，译者还要始终保持对原文作者的尊重和理解，尽可能忠实地再现他们想要传达的信息。

### (四)维持语篇风格的原则

语篇风格是指一篇文章在语言表达上所呈现出的特点，包括词汇选择、句式结构、篇章组织等方面。在翻译过程中，保持原文的语篇风格对于准确传达信息和保持文体风格的一致性至关重要。

1.保持词汇选择的一致性

原文中的词汇选择是根据上下文和文体而确定的，因此在翻译中，应尽量找到与原文相近甚至等效的词汇，以确保翻译后的语言更符合原文的语篇风格。此外，还应注意原文中可能存在的习惯用语、固定搭配等，尽量保持其独特的表达方式。

2.保持句式结构的一致性

不同语言的句式结构可能存在较大差异，但在翻译中，应尽量保持原文句式的特点和结构的一致性。这可以通过调整语序、使用合适的连接词等方式来实现。在长句翻译过程中，应注意划分合适的子句和使用适当的标点符号，以保持语篇的连贯性和流畅度。

3.保持篇章组织的一致性

原文中的段落结构、逻辑关系等都对语篇的整体效果起着重要的作用。在翻译时，应尽量保持原文段落的结构，确保翻译后的篇章组织与原文相似。此外，还应注意原文中的重点句、转折句等，在翻译时予以准确表达，以保持语篇的逻辑连贯性。

4.保持目标语言文体和修辞风格的适应性

不同语言之间存在文化和修辞的差异，因此在翻译时，应根据目标语言的特点进行相应的调整。这涉及对目标语言的修辞手法、文体特点等的了解，以确保翻译后的文本更贴近目标语言读者的语言习惯和理解。

## 四、英语语篇翻译的技巧与策略

### (一)利用语境进行翻译

语境是指一个单词、短语或句子所使用的具体背景和环境，包括整个句子、段落甚至整个文本。通过充分理解和把握语境，译者能够更准确地传达原文的意思和信息。

理解并分析上下文中的其他词语和句子，可以帮助译者理解目标词的具体含义。有时候，一个单词在不同的语境中可能会有不同的含义。通过比较相邻单词的含义，译者可以选择更适合的译文。例如，在一篇关于科技的文章中，原文中的“mouse”可能指的是电脑鼠标，而在一篇关于生物学的文章中，它可能指的是一种小动物。因此，理解上下文可以帮助译者准确选择合适的译词。

利用语境可以帮助译者解决原文与目标文之间的语法、词序等问题。有时候，直接逐词逐句翻译可能会导致句子结构不通顺或语法错误。通过理解语境，译者可以调整句子结构，保持目标文流畅和符合语法规则。当然，在进行结构调整时，译者需要确保不改变原文的意思和信息。

语境还与文化背景紧密相关，因此在翻译过程中，译者需要考虑上下文的文化元素。对于存在文化差异的内容，译者可以选择适当的译文，使目标文更容易让目标读者理解和接受。例如，在某些国家，饮食方面有与之相应的习惯和文化背景，如果翻译时将原文中的特色饮食直译过来，可能会给目标读者带来困惑。因此，不仅要理解语境，还要考虑文化因素，以便更好地传达原文的意思。

### （二）文化背景知识的运用

传达源语言文化背景在目标语言文化中的含义，需要译者具备广泛的文化素养和理解能力。下面介绍几种常用的英语语篇翻译技巧，以实现有效的文化背景知识运用。

在英语语篇翻译中，译者需要深入了解源语言和目标语言的文化差异。文化背景知识能够帮助译者理解原文的文化内涵，从而在目标语言中找到合适的表达。例如，在中华文化中，“燕子”象征着吉祥和好运，而在西方文化中，“燕子”则往往与自由和迁徙有关。因此，将“燕子”翻译成“swallow”能够更准确地传达原文的意义。

在英语语篇翻译中，译者应注意目标语言文化背景的接受能力。有些源语言的文化背景在目标语言中可能不易被理解或接受。在这种情况下，译者可以选择适当的替代词或表达方式，以确保文化信息传达。例如，当涉及中国传统节日“中秋节”时，可选择将其翻译成“Mid - Autumn Festival”，因为这样更容易为西方读者所接受。

### （三）专业词汇的处理方法

专业词汇是指通过特定的领域或学科使用的术语和术语表达。它们通常具有特定的含义和使用范围，因此在翻译过程中需要特别小心。

在英语语篇翻译中，要正确理解专业词汇的含义。在翻译专业词汇之前，译者需要充分理解其所属领域的概念和术语。这可以通过阅读相关领域的专业文献和参考资料来实现。只有对专业词汇的含义有清晰的认识，才能准确地进行翻译。

在翻译专业词汇时，需要选择合适的翻译策略。对于一些常见的专业术语，可以直接采用对应的英文原词进行翻译。这样做的好处是保持了原文的准确性和专业性。对于一些不常见或特定领域的专业术语，可以考虑使用英文译音、解释或类似术语的替代词来进行翻译。

文化背景知识的运用也是处理专业词汇的重要方法。某些专业术语的含义和使用方式在不同的文化背景中可能存在差异。因此，在翻译过程中要考虑到目标语言读者的文化认知和理解。如果需要对专业词汇进行解释或提供相关背景知识，可以在翻译的文本中加入注释或解释说明，以确保读者可以正确理解专业术语的意义。

在英语语篇翻译中，要注重上下文的运用。专业词汇往往在特定的语境中使用，因此在翻译时要考虑到上下文的影响。理解上下文可以帮助译者在选择翻译词汇、确保句子的连贯性和准确表达专业意义方面更加准确。

# 第三章　高校英语笔译教学

## 第一节　英语笔译概述

### 一、英语笔译的特点

#### (一)英语笔译的特有性质

英语笔译要求译者具备良好的英语语言能力。英语作为一门国际通用语言，其广泛应用导致要求译者具备扎实的英语基础，能够准确地理解和表达英文原文的含义。因此，译者需要具备良好的英语听力、口语、阅读和写作技巧，以确保在笔译过程中准确地转换语义和语感。

英语笔译要求译者具备广泛的知识储备。随着全球交流的加深和信息的快速更新，英语笔译涉及的领域日益广泛，译者需要熟悉不同领域的专业知识，以便准确理解和翻译原文中的专业术语和概念。此外，对不同领域背景知识的了解也有助于译者更好地理解原文的上下文信息和语境，从而进行准确的翻译。

英语笔译要求译者具备良好的跨文化交际能力。由于不同语言和文化之间存在差异，译者需要了解不同语言和文化之间的差异，并能够恰当地根据目标语言和文化的语言规范和表达习惯进行翻译。这要求译者具备超越语言表面的能力，准确地传达原文的意义和风格，同时避免因文化差异而引起误解。

英语笔译的特有性质还包括在翻译过程中需要处理艰深的逻辑关系。英语作为一门语言，具有严密的逻辑性和条理性，因此译者在进行英语笔译时需要准确地把握原文中的逻辑关系，并用恰当的方式表达出来。这要求译者具备逻辑思维和分析能力，以便在翻译过程中准确地呈现原文的逻辑结构和思维方式。

#### (二)英语笔译的主要难点

1.语义转换

由于不同语言间的差异，词汇和表达方式的转换往往需要更深入地理解和准确地翻译。在英语笔译过程中，译者需要注意词义的多样性以及句子结构差异对翻译的影响。一些抽象和隐含的意义也需要通过合适的表达方式准确传达出来。

2. 文化转换

每种语言和文化都有自己独特的文化特点和习惯用语，因此在翻译过程中需要进行文化的转换。这意味着译者需要了解原文所属语言和文化的背景知识，并能够将其转化为适合目标语言和文化的表达方式。文化转换还涉及特定领域、行业或专业的术语和概念，译者需要具备相应的专业知识。

3. 专业知识的要求

英语笔译往往涉及各个领域和行业的文本，因此译者需要具备相应的专业知识。从法律、医学到工程领域，每个领域都有其特定的术语和约定惯用语。译者需要对这些领域的知识有所了解，以确保翻译的准确性和专业性。

## 二、英语笔译的原则

### (一)忠实原则

忠实原则要求译者在翻译过程中尽可能忠实地传达源语言的信息，保持准确和完整。只有忠实地传达源语言的意思和信息，译文才能被读者准确理解和接受。

在遵循忠实原则的前提下，译者应当理解和把握好源语言的意思和语境。只有对原文进行深入的理解，译者才能在翻译过程中准确表达出原文的意思。在翻译过程中，译者需要运用语言学、文化学等知识，结合上下文语境来进行翻译。例如，对于具有多种含义的词语或短语，译者需要根据上下文的语境来准确选择合适的译文。

在遵循忠实原则的前提下，译者应当注意原文的语言风格和表达方式。不同的文体和风格在不同语言中可能有不同的表达方式，译者需要灵活运用语言的表达方式，避免刻板和机械地翻译。例如，在翻译文学作品时，译者需要把握好原文的文学风格和形式，根据目标语言的文学习惯和风格进行恰当的转换，使译文具有与原文相近的艺术效果。

在遵循忠实原则的前提下，译者应当在翻译过程中尽可能保留原文的修辞手法和语言特色。译者应当尽力保持源语言的修辞效果和表达特点，以便读者能够感受到原文的韵味和力度。译者可以通过运用丰富的语言技巧和翻译策略，如借鉴对应的修辞手法、使用适当的比喻和隐喻等，来达到传达原文修辞效果的目的。

### （二）通顺原则

在英语笔译中，通顺原则指的是翻译成的文本在语法、逻辑和语义上都应该与原文一致，以使读者能够流畅地理解和接受翻译内容。

通顺原则要求译者在翻译过程中遵循语法结构的准确性。在翻译中，译者应该准确地理解和把握原文的句子结构，并在译文中保持相同的语法结构。这样做可以使译文符合英语的语法规范，使译文易于阅读和理解。

通顺原则要求注重逻辑的连贯性。在进行英语笔译时，译者应该注意保持原文中的逻辑关系，尽可能保持译文与原文的逻辑对应关系。这样做可以使读者在阅读译文时能够顺畅地理解原文所表达的思想和观点。

通顺原则要求译文的语义和表达方式与原文一致。译文应当准确表达原文的意思和信息，并尽可能保持原文的表达风格和特点。这可以使译文更具原文的特色，同时也使读者更容易理解和接受翻译内容。

在实际翻译过程中，我们可以采取一些策略来实现通顺原则。例如，可以借助一些翻译技巧来保持句子的阅读流畅性，如恰当使用连接词、转换语序、添加衔接词等。此外，还可以适当进行意译或调整句子结构，以使译文更贴近目标语言的表达习惯，进一步提高译文的通顺度。

### （三）等效原则

在英语笔译中，等效原则要求译者追求目标语言与源语言相同或相似的意义表达。也就是说，译文应该尽量保持与原文相应的意义、语体、风格和修辞效果。这种等效原则的运用，能够确保翻译结果在意义上忠实准确地传达给读者。

要实现等效原则，在翻译过程中，译者需要注重两个方面。首先是语义等效，即确保译文所表达的意义与原文保持一致。这需要译者深入理解原文的含义，抓住核心信息，并通过恰当的词汇和表达方式将其传达出来。其次是文体等效，即确保译文在语体、风格和修辞效果方面与原文相匹配。因为不同的语言具有不同的语言特点和表达方式，译者需要寻找一种恰当的方式来表达原文中的修辞手法和风格，以使读者能够有同样的阅读体验。

在实践中，译者可以根据上下文和具体语境做出取舍和调整，以达到等效。有时候，由于语言结构、文化背景和语言习惯存在差异，直译可能会导致译文不通顺或难以理解。这时，译者可以适当地进行意译，采用更符合目标语言读者习惯的表达方式，但要保持原文的核心意义和风格不变。

## 三、英语笔译的标准

### （一）语义的准确性

在进行英语笔译时，译者必须准确地理解原文的意思，并且通过恰当的词语和表达方式来表达出来。这需要译者具备良好的语言理解能力和词汇储备。

在进行英语笔译时，译者需要深入理解原文的语义。这包括理解句子结构、词语搭配以及上下文语境等。只有准确地理解了原文的意思，才能进行准确的翻译。译者可以多次阅读原文，并进行分析和解读，以确保自己对原文的理解准确无误。

在进行英语笔译时，译者必须选择合适的词语和表达方式来准确地表达原文的意思。英语作为一门丰富多样的语言，拥有众多的词汇和表达方式。译者需要根据原文的语义和上下文的要求，选择最适合的词语和表达方式。在这个过程中，译者需要考虑源语言和目标语言之间的差异，以及目标读者的理解能力和背景知识。

在进行英语笔译时，译者需要注重译文的流畅性和自然度。翻译不仅是简单地将源语言转换为目标语言，更重要的是保持译文的自然流畅，使读者能够流畅地理解和接受译文。译者需要避免使用生硬、生僻或过于形式化的词语和句子结构，而是要选择符合目标语言习惯的表达方式。

### （二）风格的一致性

在英语笔译中，风格的一致性指的是译文与原文在语言风格上的相似性和统一性。保持风格一致性不仅能够确保译文与原文在语言表达上的连贯性，还能够增强读者对译文的理解和接受程度。

在进行英语笔译时，要保持译文与原文在词汇选择上的一致性。词汇是语言的基本组成单元，合适的词汇选择能够准确传达原文的意思。在保持风格一致性时，译者应该注意原文中所使用的术语、习惯用语、俚语等，尽可能找到与之相对应的词汇。如果原文中使用了某个特定的词和表达方式，译者在相应的位置应该保持一致，避免使用不相符的词和表达方式，以免打破整篇译文的统一性。

在进行英语笔译时，要保持译文与原文在句式结构上的一致性。英语句子的结构特点在一定程度上影响了其语言风格的表达。译者需要准确理解原文的句式结构，并在译文中保持相应的语法结构和语言风格。例如，原文中使用了复杂的句子结构，译者应该尽可能地保持原文的句子结构特点，避免过多地拆解句子或简化结构，以确保译文与原文的一致性。

在进行英语笔译时，要保持译文与原文在修辞手法上的一致性。修辞手法是语言表达中常用的一种手段，它能够增强语言的表达力和感染力。在翻译过程中，译者需要注意原文中使用的修辞手法，如比喻、夸张、排比等，并在译文中保持相应的修辞手法。这样可以使译文与原文在感情色彩、表达效果等方面保持一致，增强译文的艺术性和可读性。

在进行英语笔译时，要保持译文与原文在语域和语体上的一致性。不同的原文可能采用不同的语域和语体，如正式语体、口语语体等。在翻译过程中，译者需要把握原文的语域和语体特点，并在译文中保持一致。这样可以使译文与原文在语言风格上更一致，增强读者的阅读体验和感受。

### （三）文化的传递

由于不同语言和文化之间存在巨大的差异，翻译工作不仅涉及语言的转换，更涉及文化的传递。在进行英语笔译时，译者需要准确地传达原文中包含的文化信息，以确保译文与原文在文化内涵上保持一致。

文化传递要求译者具备深入了解源语言文化和目标语言文化的能力。只有全面了解文化背景，译者才能准确地把握原文所蕴含的文化内涵。在翻译过程中，译者需要根据目标语言读者的文化背景，选择合适的表达方式和词汇，以确保译文能够传递出相应的文化信息。

文化传递要求译者在转换语言时保持文化的连贯性。在英语笔译中，译者需要遵循目标语言文化的习惯和规则，将原文中的文化内涵转换为符合目标语言文化习惯的表达方式。这需要译者具备良好的语感，并熟悉目标语言文化，以确保译文能够让目标语言读者理解和接受。

文化传递还要求译者具备一定的创造性。在遇到一些具有较强文化特色的词或句子时，直接翻译可能无法准确传达原文的文化内涵，此时，译者需要通过转换思维方式，在译文中进行适当的文化转换和文化创新。这就要求译者具备较强的想象力和创作能力。

### (四)格式的标准化

在英语笔译中,不同文体、不同场合下的翻译作品,都需要遵循一定的格式要求。格式的标准化主要包括以下几个方面。

翻译作品在排版上应与原文保持一致,即字体、字号、行间距、页边距等方面保持统一。保持一致的排版能够增强翻译作品的专业性和统一性,使读者在阅读时更加舒适和方便。

专业文献的翻译作品,需要遵循相应的引用和参考文献格式。学术论文、研究报告等作品中引用的参考文献应该按照一定的规范进行标注和列举。保持引用格式的一致性,不仅有利于读者对翻译作品中所引用的文献进行查找和参考,也可以避免出现因格式不统一而引起的混淆和误解。

某些特定的翻译需要遵循特殊的格式要求。比如,法律文件的翻译作品需要遵循法定格式,特定领域的翻译作品需要按照该领域的专业标准来进行排版。与原文保持一致、符合特定格式要求的翻译作品,能够提高翻译的可信度和可读性。

使用电子设备进行翻译的场景,需要注意使用电子文件的格式和规范。电子文件格式要求在不同的平台和软件中可能会有所不同,因此在进行电子翻译时,需要根据具体情况选择合适的文件格式,以保证翻译作品在不同设备和平台上的可读性和兼容性。

## 四、英语笔译的基本方法和常用技巧

### (一)直译和意译的运用

在英语笔译过程中,直译和意译是两种常见的翻译方法,它们在不同的语境和翻译需求下发挥着不同的作用。直译是指将源语言的表达方式直接翻译成目标语言的表达方式,力图保持原文的语言风格和逻辑结构。而意译则是在保持原文意思的基础上,适应目标语言的表达习惯和文化背景,以使翻译作品更加自然流畅。

直译和意译的运用需要根据不同的翻译场景灵活选择。当翻译目标是保持原文的风格、语言特点以及作者的思想表达时,直译是首选。直译能够最大限度地准确传达原文中的语言形式和句法结构,使读者更容易理解作者的观点和态度。例如，在翻译一篇学术论文或法律条文时，直译能够保持原文的准确性和专业性，避免因意译而引起误解或偏差。

然而在某些情况下，直译可能无法达到理想的效果，这时就需要运用意译。意译能够充分考虑目标语言的特点和文化差异，使翻译更加贴近读者的语言习惯和理解方式。例如，当翻译一篇文学作品或广告宣传语时，意译能够更好地传达原文背后的情感、修辞或诙谐效果。在这种情况下，准确传达原文的意思比逐字逐句地直译更重要。

同时，直译和意译的运用也需要注意限度。过度的直译可能导致目标语言不自然、生硬，无法达到流畅的阅读效果，而过度的意译可能导致原文信息丧失或失真。因此，在选择直译或意译时，需要考虑源语言和目标语言之间的差异以及翻译目的和读者需求。

### （二）词类转换技巧

在英语笔译过程中，词类转换技巧可以帮助译者准确地传达原文的意思，同时使译文符合目标语言的表达习惯。词类转换主要包括名词转动词、动词转名词、形容词转名词、副词转名词以及名词转形容词等。

名词转动词是一种常见的词类转换技巧。将名词变为动词，可以更好地表达原文中的行为或动作。例如，将名词“economic recession”转为动词，可以用“experience an economic recession”来表达。这样，转换后的动词更贴近目标语言读者的表达习惯。

动词转名词也是一种常用的词类转换技巧。将动词变为名词，可以更加准确地表达原文的意义。例如，将动词“protect”转为名词，可以使用“protection”来表达。这样，转换后的名词更加清晰地展示了原文的意思。

除了名词和动词之间的转换，形容词和副词也可以转为名词。将形容词或副词变为名词，可以更好地表达原文的特征或性质。例如，将形容词“beautiful”转为名词，可以用“beauty”来表达。同样地，将副词“carefully”转为名词，可以使用“carefulness”来准确表达。

名词转形容词是一种有效的词类转换技巧。将名词变为形容词，可以更好地描述原文的特征或性质。例如，将名词“technology”转为形容词，可以用“technological”来描述。这样的转换使得译文更准确和流畅。

### （三）固定搭配和习语的处理

固定搭配是英语中经常出现的一种语言现象，它是由固定的词汇搭配成一定的表达方式。在英语笔译中，对于固定搭配的处理要具有一定的技巧和规范性，以保证翻译的准确性和表达的自然流畅性。

在处理固定搭配时，要学会辨别它们的特征。固定搭配通常由两个或多个词组成，具有固定的词序和语法用法，经常表达特定的意义和功能。例如，“break the ice”意为“打破沉默”，其中的“break”和“ice”并非字面意义上的“打破”和“冰”，而是形成了一个具有固定意义的短语。在翻译过程中，必须把握住这些特征，避免对其进行字面性的翻译，而应该转化为相应的中文表达方式。

在处理固定搭配时，要注重上下文的连贯性。固定搭配的翻译不仅要考虑其本身的含义，还要考虑其在上下文中的作用和语境要求。例如，“kick the bucket”字面意思是“踢水桶”，但在英语中却表示“去世”。如果单纯地进行直译，就会导致理解错误。因此，在翻译固定搭配时，要善于根据上下文进行合理的解释和表达，以确保译文的准确性和流畅性。

在处理习语时，要注意其文化背景和语言习惯的差异。习语是一种特殊的表达方式，它在不同的语言和文化中可能存在差异。因此，在翻译习语时，要结合目标语言和文化的特点，选择合适的翻译方式。要避免直译的错误，尽量保持习语的原有意义和表达方式。对于一些固定的习语，可以通过举例的方式进行解释，这样更有助于读者理解和接受。

## 第二节 高校英语笔译教学的理论基础

### 一、高校英语笔译教学的目标

#### （一）提升笔译能力

在高校英语笔译教学中，通过系统的训练和实践，学生应掌握一定的翻译技巧和能力，以有效地进行英语到汉语或汉语到英语的笔译工作。

1. 建立扎实的语言基础

在笔译过程中，语言是最基本的工具。学生需要深入了解和掌握源语言和目标语言的语法、词汇、句式等。只有基础牢固，才能进行准确、流畅的翻译。

2.培养专业素养

笔译不仅是翻译语言,还需要理解不同领域的专业知识。学生应该具备广泛的知识储备,特别是在经济、法律、文学等领域。只有了解不同领域的专业术语、文化背景,才能更好地理解和传达原文的意思。

3.注重实践和训练

只有在实践中不断磨炼,学生才能提高自己的笔译能力。学生可以通过参与项目实践、模拟翻译、翻译实习等方式进行训练。通过实践,学生可以将所学知识运用到实际中,了解不同领域的实际情况,并逐步提升自己的翻译水平和技巧。

4.注重自我反思和不断学习

笔译是一个不断学习的过程,学生应该保持对新知识的积极学习态度。同时,学生需要在翻译过程中进行自我反思,分析自己的不足并寻找改进的途径。只有不断反思和学习,学生才能在笔译能力的提升上更上一层楼。

### (二)掌握业务知识

英语笔译作为一种专业性很强的翻译形式,要求学生在具备扎实的语言基础的同时,还具备相关领域的专业知识。掌握相应的业务知识,可以带来如下效果。

1.提高学生的译文质量

在进行专业领域的英语笔译时,对领域特定的语言用法、概念和术语的理解是至关重要的。只有掌握了相关的业务知识,学生才能正确理解源语言的含义,并能够准确地将其转化为目标语言表达。举个例子,当学生在进行医学领域的英语笔译时,如果其不了解相关的解剖学、病理学等领域的知识,就很难准确理解源语言文本中的专业术语和概念,从而影响翻译质量。

2.提高学生的翻译速度和效率

在面对复杂的专业领域文本时,如果学生对相关领域的知识了解得不够深入,那么他们很可能需要费很大的力气去查阅相关的参考资料,以确保自己的翻译准确无误。然而,当学生掌握了业务知识后,他们能够更好地理解源语言文本的意思,从而可以更快速地进行翻译,提高工作效率。

3. 提升学生的翻译自信心和专业能力

对于英语笔译人员而言，只有在具备了相关领域的专业知识后，才能更好地适应专业领域的翻译工作。当学生熟悉并了解自己所翻译领域的业务知识时，他们可以更加自信地面对各种专业领域的翻译任务，更好地发挥自己的专业能力。

### (三)增强文化素养

增强文化素养旨在培养学生在翻译过程中能够准确理解和传达源语言和目标语言中的文化信息。这种文化信息不仅仅是词汇和句型的翻译，更涉及文化差异、价值观和社会习俗等方面的理解和传达。因此，在高校英语笔译教学中，教师需要采取一系列策略来培养学生的文化素养。

1. 教师应该注重文化背景教学

在教学过程中，教师可以通过案例分析、讨论和国际文化交流等方式，引导学生了解不同文化之间的差异。这样的教学方法可以更好地让学生在翻译过程中理解源语言和目标语言中的文化内涵，从而更准确地进行翻译。

2. 学生需要积极参与文化体验活动

高校可以组织学生参与本土及国外的文化活动，如参观博物馆、艺术展览、文化表演等，让学生亲身感受和体验不同文化之间的差异。这样的活动可以帮助学生更真实地感受和理解其他文化，培养学生的跨文化交际能力，并能够更好地将这些文化内涵运用到翻译过程中。

3. 多语种资源的利用是培养学生文化素养的有效手段

学校可以提供多语种的电影、音乐、文学作品等资源给学生，让学生通过阅读、观看和聆听不同语言的作品，进一步拓宽他们对其他文化的了解和认知。这种资源的利用可以让学生更好地理解其他文化的语言表达方式和文化内涵，从而在翻译过程中能够更准确地传达文化信息。

## 二、高校英语笔译教学的原则

### (一)任务驱动原则

任务驱动原则是指在高校英语笔译教学中，以实际任务为导向，通过模拟真实的笔译场景，培养学生的实践能力和应对能力。任务驱动原则强调学生在实际任务中的主动参与和积极思考，从而使他们在实践中获得更佳的学习效果。

1. 强调学生的实际操作能力

通过给学生布置具体的笔译任务，教师可以引导学生进行翻译实践，使他们积累实际经验和技巧。例如，在课堂上可以给学生分发一篇英文新闻稿，并要求他们在有限的时间内完成翻译。通过这样的任务，学生将面临实际的压力和挑战，有利于提高他们的工作效率和应对能力。

2. 培养学生的解决问题能力

在任务驱动型教学中，学生需要自己寻找解决问题的方法和策略。例如，在完成笔译任务的过程中，学生可能会遇到一些关于词汇、语法或文化的难题，需要自己进行查找和学习，然后提出解决方案。这种自主学习和解决问题的过程将帮助学生培养批判性思维、分析问题的能力，提高他们的学习动力和独立思考能力。

3. 强调学生的团队合作能力

在实际的笔译任务中，学生经常需要与他人合作进行翻译工作。例如，学生们组成小组，共同翻译一篇文章，并通过讨论和合作的方式解决问题。这种团队合作的方式可以提高学生的协作能力、沟通能力和解决冲突的能力，培养他们的集体智慧和合作意识。

### （二）实践导向原则

实践导向原则强调将学习与实践相结合，注重培养学生的实际应用能力。在实践导向原则的指导下，高校英语笔译教学注重提供具体实践场景，并通过真实情景模拟和实际实践活动等方式，帮助学生学习和掌握实际的翻译技巧和策略。

实践导向原则要求教师通过引导学生参与真实案例分析和翻译实践，提高学生对实际翻译任务的处理能力。教师可以选择一些真实的翻译材料或者模拟真实的翻译任务，让学生通过实际操作来体验和应用所学知识。以模拟法为例，教师可以设计一些真实的翻译任务，如商务会议翻译、新闻报道翻译等，要求学生按照实际翻译要求进行翻译，并通过作业或演练来加深学生的理解和应用。

实践导向原则要求教师注重培养学生的实际应用能力。在教学过程中，教师可以针对特定领域或行业，引导学生深入了解并学习相关专业知识，如法律、经济、科技等。通过了解相关领域的背景知识，学生可以更好地理解和翻译相关文本，提高翻译的质量和准确性。同时，教师还可以组织学生参观实际工作场景，与翻译实践者进行交流，让学生更深入地了解翻译行业的实际工作情况。

在实践导向原则下，教师还需注重激发学生的学习兴趣和自主学习能力。教师通过开展多样化的教学活动，如小组翻译、角色扮演等，鼓励学生积极参与、合作学习。教师可以指导学生结合实际情境，主动调研和收集相关资料，锻炼学生的解决问题能力和自主学习能力。

### （三）学生主体原则

学生主体原则强调学生在学习过程中的主体地位和积极性。根据学生的个性特点和认知能力，教师应该创造积极、自主的学习环境，使学生能够作为主体参与到教学活动中，发挥其学习主动性和创造性。

学生主体原则要求教师将学生的需求和兴趣放在教学的核心。教师应该了解学生的学习背景、兴趣爱好以及学习目标，根据学生的特点和需求进行教学内容设计，使学生能够在学习中找到自己的价值和动力。例如，在笔译教学中，教师可以根据学生的英语水平和兴趣，选择与学生生活、学习相关的话题和材料，激发学生的学习兴趣，提高其学习积极性。

学生主体原则要求教师在教学过程中给予学生更多的自主权。教师应该鼓励学生主动参与到课堂活动中，提供多样化的学习任务和活动，激发学生的思考能力和创造力。例如，在笔译教学中，教师可以让学生参与到实际的翻译项目中，让学生在实践中感受到翻译的挑战和乐趣，培养学生的实践能力和自主学习能力。

学生主体原则要求教师给予学生更多的评价和反馈机会。教师应该及时、准确地评价学生的学习成果，鼓励学生发表自己的观点和见解，并提供具体的反馈意见和建议。例如，在笔译教学中，教师可以通过学生的翻译作品、口头表达等途径进行评价和反馈，帮助学生发现自己的不足之处，提出改进的方法。

## 三、高校英语笔译教学的过程

### （一）前期准备过程

#### 1.确定教学目标和要求

明确学生在英语笔译方面应该具备的能力和水平。例如，要求学生能够准确理解英语原文的内容，并能够将其准确地翻译成中文；要求学生具备一定的翻译能力，能够对不同领域的英语文本进行准确翻译；要求学生掌握一些常见的翻译技巧和策略，以提高翻译的质量和效率。

2. 选取适合的教材和教学资源

教材的选取应该符合教学目标和要求，能够满足学生的学习需求。同时，还可以根据具体情况选择一些与英语笔译相关的真实材料，如新闻报道、专业文献等，以便让学生接触到真实的翻译任务和实践。

3. 设计教学活动和任务

在前期准备过程中，教师可以设计一些适合学生水平的教学活动和任务，以激发学生的学习兴趣和积极性。例如，可以组织学生进行小组讨论和合作翻译，让学生在相互交流和合作的过程中提高自己的翻译能力并掌握一定的翻译技巧。

4. 为学生提供必要的学习资源和辅助工具

教师可以为学生提供一些英语笔译方面的学习资源和辅助工具，如翻译词典、翻译软件等，以帮助学生在翻译过程中进行查找和校对。

5. 加强教师培训和专业发展

教师是高校英语笔译教学的主要推动者和引领者，其专业素养和教学水平对教学效果起着至关重要的作用。在前期准备过程中，教师可以参加一些有关英语笔译教学的培训和研讨活动，更新自己的知识和教学方法，提高自己的教学水平。

### (二)教学实施过程

在高校英语笔译教学的实施过程中，教师需要采取一系列有效的教学策略和教学方法，帮助学生提高英语笔译能力，掌握英语笔译技巧。下面将讨论教学实施过程中的一些关键要素和策略。

在教学实施过程中，教师应该注重培养学生的翻译思维。他们应该教导学生如何理解原文的意思并转换成合适的目标语言表达。教师可以通过示范和实践，引导学生分析原文的结构和语义，培养他们的分析思维和逻辑思维。鼓励学生进行大量的语言输入和输出练习，以提高他们的翻译水平。

在教学实施过程中，教师应该注重培养学生的背景知识和文化意识。英语笔译不仅是语言的转换，还需要对原文的文化内涵和背景有深入的了解。因此，教师可以引导学生进行文化背景研究，并提供相关的资料和案例分析，帮助学生更好地理解原文的语言和文化特点。教师还可以组织学生参与跨文化交流活动，拓宽学生的视野和思维方式。

实践是提高英语笔译能力的关键，教师应该给予学生足够的实践机会，让他们参与真实的翻译项目和任务，可以是小组合作翻译、模拟翻译或者实地考察等形式。通过实践，学生可以将所学的知识和技巧应用到实际情境中，增加自己的实践经验，提高自己的解决问题能力。

在教学实施过程中，教师还应该注重提供及时的反馈和指导。学生在翻译过程中难免会出现错误和困惑，教师应该及时指出错误并给予正确的指导。教师还可以利用个别讨论、写作指导和评估等方式，帮助学生发现问题、提高翻译质量。通过教师及时的反馈和指导，学生可以不断反思和调整自己的翻译策略和技巧，提高翻译质量和效率。

### (三)教学反馈过程

在高校英语笔译教学中，通过及时有效的反馈，教师可以了解学生对教学内容的掌握程度，从而更好地指导他们学习。在教学反馈过程中，教师需要采取一系列合适的策略来促进学生的学习和发展。

教师可以通过课堂讨论和提问的方式进行教学反馈。在这个过程中，教师可以主动引导学生对所学知识进行深入思考，并通过提问的方式调动学生积极参与讨论。教师可以根据学生的回答和观点，及时给予肯定和鼓励，同时指出不足之处，并提供相应的解决方案。

教师可以通过作业和测验等方式进行教学反馈。通过作业和测验，教师可以考查学生对所学知识的掌握程度，并及时给予评价和反馈。教师可以针对学生在作业和测验中的表现，提供具体的建议和指导，帮助学生改正错误，并加强对重点知识的理解与应用能力。

教师可以借助技术手段进行教学反馈。随着科技的发展，教学反馈的方式得到了丰富和多样化。教师可以利用电子邮件、在线讨论平台或教学管理系统等工具，与学生进行沟通和互动。通过这些工具，教师可以及时了解学生的学习进展和问题，给予适当的指导和反馈。学生也可以通过这些工具随时向教师请教和寻求帮助。

教师还可以通过课后讨论和个别辅导等方式进行教学反馈。在课后讨论中，教师可以针对学生在课堂上的表现和提出的问题，深入进行讲解和解答。通过个别辅导，教师可以更加细致地了解学生的学习情况，并提供个性化的指导和反馈。这些方式可以更好地帮助学生消化吸收和应用所学知识，提高学习效果。

### （四）教学评估过程

通过教学评估，教师可以全面了解学生的学习情况和专业能力的提升程度，进一步改进教学方法和内容，并为学生提供有效的反馈和指导。

在教学评估过程中，首先需要进行笔译作业评估。教师可以根据学生的译文准确度、流畅度、语法运用、词汇使用等方面对作业进行评分，并及时给予学生有针对性的建议和指导。此外，还可以采用同行评议的方式，让学生互相审阅、批评和改进彼此的译文，提高学生的评估能力和批判性思维。

除了作业评估，教学评估过程还包括对学生口译表现的评估。教师可以设计口译测试，通过对学生在面对面交流中的表现进行评判，评估其口语表达能力、信息接收和传达能力以及语言流利度等方面的能力。同时，教师还可以利用录音、视频等工具对学生的口译过程进行记录和回放，以便更好地分析和评估学生的表现。

在教学评估过程中，教师应注重对学生学习策略的评估。学习策略是学生在学习过程中使用的方法和技巧，会对学习成果产生重要影响。教师可以通过观察学生在学习中的行为和态度，了解他们的学习策略的有效性和适应性，并在评估的基础上给予适当的指导和建议，帮助学生更好地掌握英语笔译的学习方法和技巧。

在教学评估过程中，教师还应对教学过程进行自我评估和反思。教师可以通过教学日志、听课记录等方式，记录自己的教学体会和感悟，反思自己的教学方法和教学效果，并根据评估结果，调整和改进自己的教学策略，以提高教学的效果和学生的学习成果。

## 四、高校英语笔译教学的策略

### （一）课堂教学策略

#### 1.创设积极互动的学习环境

在高校英语笔译教学中，创设积极互动的学习环境是至关重要的。教师可以采用各种教学方法，如小组讨论、角色扮演、案例分析等，鼓励学生积极参与课堂活动。通过互动，学生能够更好地理解和应用所学知识，同时也能够促进彼此之间的合作与交流。

2. 引导学生自主学习

在课堂教学中，教师应该充分尊重学生的主体地位，引导学生主动参与学习过程。为此，可以采用一些主动学习的教学方法和技巧，如问题导向学习、案例学习、探究式学习等。这样能够激发学生的学习兴趣和学习动力，并培养学生的独立思考能力和解决问题的能力。

3. 提供实践机会和反馈

高校英语笔译教学不仅仅是理论的传授，更需要将理论与实践结合起来。因此，在课堂教学中，教师应该提供实践机会，让学生能够实际运用所学的笔译技巧和知识。例如，可以组织翻译实践活动、模拟真实情景进行实战演练等。同时，教师也需要及时给予学生反馈，帮助他们改进和提高。

4. 多媒体辅助教学

在当今信息技术高度发达的时代，多媒体已经成为一种非常有效的教学辅助手段。在高校英语笔译教学中，教师可以利用多媒体资源，如幻灯片、视频、音频等，将抽象的概念和知识以形象直观的方式呈现给学生，提高他们的学习效果和兴趣。

5. 注重评价与反思

在课堂教学结束之后，教师和学生都需要对学习过程进行评价和反思。教师可以通过课堂讨论、作业、期末考试等形式对学生的学习成果进行评价，从而了解学生的学习状况并及时调整教学策略。而学生也可以通过自我评价、讨论反思等方式对自己的学习进行总结和反思，从而不断提高学习效果和能力。

### （二）个性化教学策略

在高校英语笔译教学中，个性化教学策略旨在满足不同学生的学习需求和个性特点。这一策略强调教师应根据学生的兴趣、能力和学习风格，为他们提供个性化的教学内容和教学方法。

个性化教学策略要求教师充分了解学生的背景和水平，以便为他们提供符合其需求的教学材料和任务。在个性化教学中，教师可以结合学生的专业背景和兴趣爱好，选择相关领域的翻译文本，并设计相应的翻译任务，以激发学生的学习兴趣和动力。

个性化教学策略注重培养学生的自主学习能力。教师可以采用启发式教学方法，引导学生在翻译过程中进行思考和探索，提升他们的解决问题能力和自主学习能力。例如，教师可以鼓励学生针对翻译难点提出自己的解决方案，并与其他同学进行交流和讨论，从而促进学生之间的互动和合作。

个性化教学策略可以通过多元化的评估方法来促进学生发展。传统的笔试和口试评估方式可能无法全面准确地评价学生的翻译能力。因此，教师可以采用多种评估方式，如翻译作品展示、角色扮演、小组合作项目等，来全面了解学生的翻译能力和潜力，并为他们提供个性化的反馈和指导。

个性化教学策略也要求教师关注学生的情感和动机因素。英语笔译这一学科的学习对学生来说可能是一项具有一定挑战性的任务。因此，教师应通过鼓励、支持和激励等方式来提高学生的学习积极性和努力程度，使他们能够在学习中持续进步。

### （三）实践教学策略

通过实践教学，学生能够将所学的知识和技能应用到实际场景中，提高其实际操作能力和解决问题的能力。以下是几种常见的实践教学策略。

#### 1. 小组合作

通过分组合作，学生可以在小组内共同解决问题和完成任务。例如，教师可以组织学生参与模拟真实的翻译项目，让每个小组承担一部分任务，通过合作完成整个项目。这种方式可以锻炼学生的团队协作能力和解决问题的能力，提高他们在实际项目中的应对能力。

#### 2. 借助技术手段

随着信息技术的发展，教师可以利用多媒体教学、网络资源和计算机辅助翻译等工具来进行实践教学。例如，教师可以组织学生利用翻译软件进行实际的翻译操作，通过实践来掌握翻译软件的使用技巧和解决实际问题的方法。教师还可以引导学生利用互联网资源进行翻译实践，如通过参与在线翻译社区的讨论和互动，提升学生的翻译水平。

3. 实地考察和参观

教师可以组织学生前往翻译机构、企事业单位或国际会议等场所，亲身感受翻译工作的实际情况，并与专业从业人员进行交流。这样的实地考察可以使学生深入了解翻译行业的发展趋势和需求，拓宽他们的眼界，并在实践中提升他们的实际操作能力。

## 第三节　高校英语笔译教学的模式

### 一、高校英语体验式笔译教学模式

#### （一）教学模式的原理

在高校英语笔译教学中，体验式笔译教学模式的核心理念是让学生亲身体验翻译的过程，从而提升他们的翻译能力，帮助他们掌握实践技巧。这种模式的构建基于以下几个原理。

1. 注重学生的主动参与

传统的教学模式往往以教师为中心，学生被动接受知识。而体验模式则鼓励学生积极参与到翻译过程中，通过自己的实际操作和实践来掌握翻译技巧。学生在教师的指导下，自主选择和完成翻译任务，这种参与的过程能够激发学生的学习兴趣和动力。

2. 强调实际情境模拟

这种模式通过模拟真实的翻译环境，让学生在类似于实际的工作情境中进行翻译实践。例如，学生可以分组进行角色扮演，模拟会议翻译或实际场景翻译，以提高应对实际工作挑战的能力。这种实际情境模拟可以帮助学生更好地理解翻译的具体应用场景，培养他们解决实际问题的能力。

3. 强调学生的互动交流

学生在完成翻译任务的过程中，可以通过小组讨论或者课堂分享的方式进行交流和思维碰撞。这种互动交流不仅可以帮助学生在翻译中相互借鉴和学习，还可以培养学生的团队合作能力和沟通能力。同时，教师也可以在学生交流的过程中及时给予指导和反馈，帮助他们纠正错误和提高翻译水平。

4.强调反思和总结

学生在完成翻译任务后，需要对自己的翻译过程进行反思和总结。这种反思和总结可以帮助学生发现自己在翻译中的不足和问题，并制定改进策略。同时，教师也可以对学生的翻译过程和成果进行评价和指导，从而促进学生进一步成长和提高。

### (二)教学模式的应用

在高校英语笔译教学中，体验式笔译教学模式以提供真实场景和情境进行英语笔译实践为主要特点，通过模拟现实翻译任务，让学生在实践中掌握翻译技巧和策略。在此模式下，学生扮演译员的角色，参与多种真实的翻译项目，如会议翻译、旅游指南翻译等，从而在实际应用中掌握翻译技能。

高校英语体验式笔译教学模式应用的核心是创造真实的翻译场景。教师可以借助多媒体技术，将真实的翻译场景还原给学生，如播放会议演讲视频、提供商业文件的复印件等，使学生置身于实际的翻译环境中。通过这样的设计，学生能够感受到真实翻译工作的压力和挑战，更好地理解翻译任务的重要性和复杂性。

高校英语体验式笔译教学模式的应用需要提供充足的翻译素材。教师可以收集真实的翻译文本，如国际会议文件、商务合同、科技论文等，为学生提供多样化的翻译素材。这样，学生可以在实践中接触到各种不同领域的文本，培养扎实的翻译基础。同时，教师还可以根据学生的学习目标和实际情况，适当调整难度和内容，提供个性化的翻译任务，促进学生发展。

在高校英语体验式笔译教学模式应用过程中，注重学生的合作与互动也是非常重要的。学生可以分成小组，在教师的指导下进行协作翻译，相互讨论、交流翻译策略和困惑。通过这种互动，学生能够共同解决问题，开阔视野，提高解决问题的能力。同时，学生还可以通过模拟客户与译员的交流，学习如何与客户进行有效的沟通和合作，增强沟通能力和团队合作意识。

高校英语体验式笔译教学模式的应用还需充分利用技术手段。在体验式笔译教学中，教师可以借助多媒体教学软件、翻译工具等，提供实时翻译演示和评估。通过这样的方式，学生能够更加直观地了解翻译过程和结果，及时获得反馈和指导。同时,技术手段还可以为学生提供自主学习的空间,如在线翻译平台、翻译社群等,促使学生在模式应用中积极主动地去探索和学习。

### (三)教学模式的效果

1. 激发学生的学习兴趣和积极性

传统的教学方法往往缺乏足够的互动和参与性,容易让学生产生学习疲劳和乏味感。而体验式笔译教学模式通过设计丰富多彩的实践活动,让学生身临其境地体验真实的翻译场景,从而激发他们的学习兴趣和主动参与的意愿。学生在模拟翻译实践中,能够更好地理解翻译的实际应用,掌握笔译技巧和策略。

2. 提高学生的翻译能力和实践能力

体验式教学强调实际动手操作和实践经验的积累,鼓励学生主动参与翻译活动。在实践中,学生需要面对各种翻译难题和挑战,通过挑战和反思,他们能够不断提升自己的翻译能力和解决问题的能力。此外,体验式教学模式还注重培养学生的团队协作和沟通能力,通过合作翻译项目,学生能够互相借鉴和学习,提高团队协作水平,形成相互促进的学习氛围。

3. 培养学生的自主学习能力和创新精神

在传统教学模式中,学生往往扮演被动接受知识的角色,而在体验式教学中,学生成为自主学习的主体。他们不仅需要独立思考和解决问题,还需要不断进行创新和改进。通过自主学习和创新实践,学生能够培养出积极探索、勇于创新的学习态度和习惯。这样的学习方式能够为学生的终身学习和自我发展打下坚实的基础。

## 二、高校英语项目式笔译教学模式

### (一)教学模式的原理

在高校英语项目式笔译教学模式中,教学理念和方法的核心是学生参与现实生活中的真实翻译项目。这种模式的基本原理是通过创建一种真实、可行的翻译实践环境,让学生在实际场景中进行翻译实践,培养他们的翻译能力和实际应用能力。

高校英语项目式笔译教学模式通过将学生置于真实且有挑战性的翻译项目中,激发学生的学习动力和兴趣。学生在项目中面对真实的翻译任务,需要解决实际问题,这种锻炼能够培养他们的解决问题的能力和对翻译工作的热情。通过参与真实项目,学生可以感受到翻译工作的意义和价值,进而激发他们的主动学习意识。

高校英语项目式笔译教学模式为学生提供了一个合作学习的平台。在项目中,学生往往需要与同伴协作完成任务,分享思考和经验,合力解决问题。这种合作学习的方式可以增强学生之间的互动和交流,促进他们建设性思考和提高学习效果。学生通过与他人合作,可以开阔自己的视野,了解其他人的思维方式和工作方法,从而提高自己的翻译能力。

高校英语项目式笔译教学模式注重培养学生的自主学习能力。在项目式笔译教学中,学生需要自主组织和安排自己的学习时间和学习进程,自主选择合适的翻译工具和策略。他们需要通过查阅资料、咨询专家、学习和运用翻译技巧等方式,解决项目中存在的问题。这种自主学习的过程可以培养学生的独立思考能力和自我管理能力,提高他们的学习效果和自主学习能力。

高校英语项目式笔译教学模式强调反思和评估。在项目完成后,学生需要进行反思和评估,从中总结经验和教训。他们需要思考自己在项目中的表现和存在的问题,在团队中进行交流和讨论,并从中吸取经验教训,提高自己的翻译能力和综合素质。这种反思和评估的过程可以帮助学生不断提升自己的翻译水平,提高自己的学习质量。

### (二)教学模式的应用

在高校英语项目式笔译教学模式的应用中,教师充当着引导者和指导者的角色。他们通过设计和组织各种项目,培养学生的翻译能力和解决问题的能力。这种模式注重实践和实际情境的体验,使学生能够在真实的情景下进行翻译实践,从而帮助他们更好地理解和掌握笔译技巧。

#### 1.鼓励学生积极主动地参与项目

通过小组合作和角色扮演等方式,学生可以在一个模拟的工作环境中完成翻译任务,同时学习与团队成员合作、沟通和协作。这不仅能够培养学生的团队意识和合作精神,还可以帮助他们在实践中发展翻译技能。

2.提供丰富多样的翻译任务

通过选择不同领域的真实翻译项目，学生能够接触到各种类型的文本和专业术语，从而提升自己的专业素养和词汇能力。项目式教学模式还可以培养学生的信息搜索和整合能力，使他们能够独立解决实际翻译问题。

3.注重实际应用

学生在项目中会面对各种实际情境，如面对真实文本的语言难点、文化差异和专业术语等。通过解决实际问题，学生能够更好地理解如何实际运用翻译理论知识，并提高自己的翻译水平。

4.培养学生的综合能力和创新思维

学生需要结合已学知识和技能，思考并解决实际项目中存在的问题，从而培养自己的综合分析能力和解决问题的能力。同时，项目式教学模式还能够激发学生的创新思维，引导他们探索翻译领域的新方法和新技巧。

## (三)教学模式的效果

在高校英语项目式笔译教学模式中，通过参与真实的翻译项目，学生能够得到更加充分的实践机会，从而进一步提升自己的翻译能力和解决问题的能力。这种教学模式具有以下几个主要的效果。

1.培养学生的合作能力和团队精神

在项目式笔译教学中，学生需要与同学合作，共同完成翻译任务。这不仅需要合理分工，还需要有效的沟通和协商。通过这样的合作过程，学生的合作能力和团队精神得到了锻炼和发展。

2.提升学生的独立思考能力和解决问题能力

在项目式笔译教学过程中，学生不再是被动地(passively)接受知识，而是需要积极主动地思考和解决问题。他们需要面对各种实际情境和翻译难题，通过思考和研究，找到最佳的解决方案。这种独立思考和解决问题的能力的培养，有助于学生在实际翻译实践中更好地应对各种挑战。

3. 增强学生的实践能力和专业素养

通过参与真实的翻译项目，学生能够接触到真实的翻译材料和实际的翻译需求。他们需要通过对源语言和目标语言的深入理解，灵活运用不同的翻译策略和技巧，以达到最佳的翻译效果。这样的实践机会有助于学生提升实际操作能力，增强专业素养，为将来的翻译实践做好充分准备。

4. 激发学生的学习兴趣和动力

传统的教学模式往往以教师为中心，注重知识的传输和学生的被动性。而项目式笔译教学模式则更加注重学生的主动参与和兴趣激发。通过参与真实的翻译项目，学生能够体验到工作的实际情境和挑战，从而激发他们对翻译学习的兴趣和动力。

## 三、高校英语翻转课堂笔译教学模式

### （一）教学模式的原理

在高校英语笔译教学中，翻转课堂模式作为一种创新的教学模式被引入。该模式的原理是通过颠覆传统教学方式，将学习者变为主动学习的主体，教师充当辅助角色，为学生提供指导和支持。

1. 强调学习者的参与和自主性

传统教学中，教师通常是知识的传授者，而学生则是被动接受知识的对象。而在翻转课堂模式下，学生将扮演更为积极的角色，他们在教师的指导下进行预习和自主学习，通过独立阅读、自我解析和合作讨论等方式来提前接触和理解课堂内容。

2. 注重课堂互动和合作

传统教学中，往往是教师单方面讲解和学生被动聆听。而在翻转课堂模式下，教师会设计一系列互动活动，如小组讨论、案例分析和角色扮演等，来促进学生之间的合作和互动。这样的活动可以激发学生的思考能力和创造力，提高他们的学习效果和兴趣。

3. 倡导学习者的反思和批判思维

通过在课堂上参与案例分析和实践模拟等活动，学生可以将所学知识应用到实际问题中，并进行批判性思考和分析。他们需要运用自己的逻辑和判断能力，从多个角度来解决问题，这能够培养学生分析和解决问题的能力，提高他们的翻译能力和思维能力。

4. 注重学生的个性化学习

每个学生都有不同的学习特点和学习节奏，传统教学难以满足学生的个性化学习需求。而翻转课堂模式通过提供个性化的学习资源和学习路径，能够更好地满足学生的个性化学习需求。教师可以根据学生的不同情况和能力水平来设计不同的学习任务和评估方式，促进学生个性化发展。

### （二）教学模式的应用

在高校英语笔译教学中，翻转课堂模式的应用能够有效提升学生的主动学习能力，培养学生的团队合作精神，促进学生对英语笔译的深入理解和实践掌握。

1. 激发学生的主动学习意识

传统的教学模式通常是教师授课，学生被动接受知识。而在翻转课堂模式中，学生可以提前通过预习材料学习相关知识，掌握基本概念和技巧。在课堂上，教师可以引导学生讨论和解决问题，学生可以根据自己的理解和分析来参与讨论，从而更好地理解和应用英语笔译的知识。

2. 培养学生的团队合作精神

在翻转课堂模式下，教师可以组织学生进行小组学习或者团队项目实践。学生可以共同解决难题，互相讨论和协作，从而促进学生之间的交流和合作。这种团队合作的学习方式既能够提高学生的学习效果，也能够培养学生的团队合作意识和能力，为他们将来的工作和生活奠定基础。

3. 帮助学生深入理解和实践掌握笔译技巧

传统的教学模式往往只是通过教师的讲解和示范来传递知识的。而在翻转课堂模式下，学生可以通过自主学习和实践来掌握笔译技巧。他们可以通过参考资料、案例分析和模拟实践等来加深对笔译过程的理解，从而提升他们的实践能力和应对复杂问题的能力。

### （三）教学模式的效果

1. 激发学生的学习兴趣和主动性

传统的教学模式往往是将知识灌输给学生，缺乏互动与参与，容易使学生对学习产生厌倦感。而在翻转课堂中，学生能够自主学习和探究，通过观看教学视频、阅读教材、完成预习任务等，积极参与学习过程，提高学习的主动性和自主性。

2. 培养学生的独立思考能力和解决问题能力

在传统教学模式下，学生往往被动接受知识，不能深入地思考和分析。而在翻转课堂中，学生通过自主学习，能够有更多的时间去思考问题、解决问题，培养他们的批判性思维和创新能力。在笔译教学中，学生可以根据预习内容自己发现问题、分析难点，通过在线讨论或与同学进行合作，共同解决问题和提出解决方案。

3. 提高学生的学习效率和成果

由于学生在课堂上进行主动学习和掌握基础知识，教师可以更加专注于提供指导和反馈，针对学生的问题进行解答和辅导。学生通过预习方式进行准备，能够更好地理解和消化课程内容，提高学习效率。翻转课堂模式还可以通过在线平台和多媒体资源丰富学习内容，提供更多实例和案例，使学生在实践中不断巩固和运用所学知识，进一步提升其学习成果。

## 四、高校英语笔译教学模式构建

### （一）教学模式构建的原则

在高校英语笔译教学模式的构建过程中，我们需要遵循一些重要的原则。这些原则能够为教师和学生提供指导，确保教学模式的有效性和可持续性。

1.学生参与

高校英语笔译教学模式的构建应该注重学生的积极参与,使其成为教学过程的中心。学生应该被赋予更多的自主学习机会,通过实际的翻译项目,提升他们的翻译技能和实践能力。教师可以通过布置任务、组织团队合作、鼓励学生讨论和交流等方式,激发学生的学习热情和主动性。

2.跨学科融合

笔译是一个综合性的学科,涉及语言、文化、背景知识等多个领域。因此,在构建教学模式时,应该充分利用其他相关学科的理论和方法,如心理学、社会学、语言学等,以提高学生的综合能力,促进学生整体发展。例如,可以引入跨学科的实例和案例,加深学生对文化背景和语言规则的理解,提升他们的翻译水平。

3.灵活性和适应性

教学模式应该能够灵活适应不同学校、不同班级和不同学生的需求。每个学校、班级甚至每个学生都有不同的特点和学习方式,教学模式应能够根据这些特点进行调整和优化。同时,随着时代的变迁和教学方法的不断更新,教学模式需要不断地进行调整和改进,以满足学生和社会的需求。

## (二)教学模式构建的步骤

1.明确教学目标和学生需求

教师应该充分了解学生的背景和学习特点,以及他们对英语笔译的需求和期望。这将有助于确定教学目标,并确保所构建的教学模式与学生的实际需求相符。

2.确定教学内容和任务

针对不同的教学目标,教师可以选择合适的教材和任务,以提供全面而实用的英语笔译训练。教学内容应涵盖不同主题和领域,帮助学生开展跨学科的笔译实践。教师还可以设计具有挑战性和启发性的任务,以激发学生的学习兴趣和动力。

3.确定教学方法和手段

高校英语笔译教学模式的构建需要借鉴多种教学方法和手段，以提高学生的笔译能力和实际应用能力。教师可以采用项目式学习、案例分析、模拟实训等实践教学方法，促进学生积极参与和实际操作。同时，教师还可以利用技术手段，如网络资源、电子课件等，丰富教学内容，增强学生的学习体验。

4.建立有效的评估和反馈机制

构建高校英语笔译教学模式需要建立科学合理的评估和反馈机制，以监测学生的学习进展和提供有针对性的指导。教师可以设计多样化的评估方式，包括作业、考试、口头演讲等，以评估学生的笔译能力和综合素质。同时，教师在评估后及时给予学生反馈，并提供个性化的学习建议，以帮助他们不断提高学习效果。

5.加强教与学的互动和合作

教师应鼓励学生积极参与课堂讨论和团队合作，倡导学生互相学习和交流。教师可以组织小组项目、讲座报告等活动，促进学生之间的合作与竞争，提高他们的学习效果和综合能力。

# 第四章　高校英语口译教学

## 第一节　英语口译概述

### 一、英语口译的特点

#### (一)实时性

在英语口译中,实时性要求译员能够迅速准确地将源语言的内容翻译成目标语言并传达给听众。实时性在口译过程中至关重要,因为它要求译员能够在短时间内处理大量信息,并即时传达出来。

实时性要求译员具备高度的听觉反应能力。在现场口译中,译员必须迅速理解源语言的信息,同时将其转化为目标语言表达。这要求译员具备快速捕捉和处理信息的能力,以确保信息准确传递。

实时性要求译员具备即时翻译的能力。译员需要利用自身知识和经验,快速找到与源语言相对应的目标语言表达。在现场翻译中,时间非常有限,译员必须迅速作出决策,以保证翻译的流畅性和准确性。

实时性还要求译员能够适应瞬息万变的环境。在国际会议、商务谈判等场合,情境随时可能发生改变,译员需要快速适应变化,并做出相应的调整。只有充分利用自身专业知识和应变能力,译员才能在实时口译过程中保持高效和准确。

#### (二)直观性

直观性要求译员能够将源语言信息准确、清晰地传达给目标语言听众。在口译过程中,译员需要快速将听到的英语内容理解并转换成目标语言,同时加上适当的语言表达和符号来传递对应的含义。

在口译过程中,直观性的体现可以从多个方面来考察。首先,译员需要具备良好的听觉感知能力,能够迅速听辨源语言语音、语调、语气、停顿等要素,以理解并抓住对话的核心内容。其次,译员需要具备良好的语言表达能力,能够准确、流畅地使用目标语言进行表述。通过合适的用词和语法结构,译员使目标语言听众能够在短时间内抓住所传达的信息，并理解其中的逻辑关系。

为了提高口译的直观性，译员还需要注重表达的准确性和简洁性。一方面，译员应该尽量减少不必要的补充信息，只传达源语言中真正有用的内容；另一方面，译员需要避免使用过于复杂的表达方式，而应该选择简单明了的句子结构和常见词汇，以确保目标语言听众能够迅速、完整地理解口译内容。

在提高直观性的同时，译员还需要注重信息的准确传递。译员应该对源语言中的上下文进行全面理解，并力求将原意原貌地传达给目标语言听众，避免过度解释或失误翻译导致信息失真。只有在确保准确传递的基础上，才能真正做到直观性的口译。

### （三）交互性

交互性指的是在英语口译过程中，译员与演讲者或听众之间形成的互动关系。正是通过这种互动，口译才能实现有效的信息传递与沟通。

交互性要求译员具备良好的听力和口语表达能力。接收原文信息的译员需要快速理解并转化为目标语言，实现即时口译。这就要求译员具备准确、流利的口语表达能力，能够在瞬息万变的现场环境中做出迅速反应。

交互性要求译员具备灵活的思维和应变能力。在交互过程中，可能会出现演讲者的意图不清晰或者听众提出的问题，这时候译员需要灵活应对，准确理解和传达。译员需要随时调整自己的口译策略，确保信息能够准确、通顺地传递给听众。

交互性要求译员具备良好的人际沟通能力。在口译过程中，译员需要与演讲者或听众进行积极互动，确保信息有效传递。要做到这一点，译员需要善于倾听、理解对方的意图和需求，并能够有效地回应与传达。

交互性还要求译员具备良好的应急处理能力。在现场口译中，难免会遇到各种突发情况，如技术故障、意外事件等。译员需要能够快速有效地应对这些困难，保证信息的连贯性和准确性。

### （四）临场性

在实际的口译过程中，译员需要在瞬息万变的语言环境中做出即时反应，并准确地传达讲话者的意思。因此，临场性要求译员具备出色的语言处理和思维能力。

临场性要求译员具备快速理解和分析能力。在口译过程中，演讲者的语速可能非常快，译员需要迅速捕捉到讲话者的思路，准确理解并分析其中的关键信息。只有做到快速理解，译员才能进行准确的口译，确保信息传达。

临场性要求译员具备较强的应变能力。在真实场景中，译员在口译过程中可能遇到各种突发情况，如演讲者突然变化语速或使用特殊词语等。译员需要迅速适应这些变化，并做出相应的调整，确保口译质量不受影响。

临场性要求译员具备良好的记忆力和组织能力。在口译过程中，译员需要同时记忆并处理大量的信息，包括演讲者演讲的内容以及前后文的相关信息。只有进行有效的信息组织和分类，译员才能准确地传达讲话者想要表达的意思。

临场性要求译员具备强大的自信心和应对压力的能力。在真实的口译场景中，译员可能面临多方面的压力，如时间紧迫、错误容忍度低等。译员需要保持冷静和自信，在面对挑战时能够灵活应对，确保口译顺利进行。

## 二、英语口译的原则

### (一)忠实原则

忠实原则要求口译者在进行口译时尽量准确地传达原文的意思，不得随意增加、删除或改变原文的内容。忠实原则的核心在于保持译文与原文的一致性，以确保信息准确传递。

在实践中，忠实原则要求口译者首先充分理解原文的内容。只有对原文有了深入的理解，口译者才能在口译过程中准确把握原文的含义，并将其传达给听众。这涉及对原文的仔细阅读和对语境的准确把握。

在实践中，忠实原则要求口译者尽可能地保持原文的结构和语言特点。无论是语句的顺序还是语法结构的运用，口译者都需要尽量保持与原文一致。通过保持原文的结构和语言特点，口译者能够更好地传达原文的风格和意图，使听众更容易理解。

忠实原则并不意味着口译者需要一字不差地翻译每个词语。在口译过程中，口译者可以根据原文的含义和表达方式进行恰当的转换。这需要口译者具备良好的语言运用能力和判断力，以便在保持原文意思的基础上进行适当的调整。

### (二)顺应原则

顺应原则要求口译者在进行口译时，充分理解和把握源语言的内涵和表达方式，并将其准确、流利地转化为目标语言，达到实时传达意思的目的。

顺应原则要求口译者准确理解源语言的意思。在进行英语口译时，口译者必须对讲话内容进行准确的理解。这包括对讲话者所表达的观点、意图、情感等进行全面的把握，以确保能够准确地传达源语言中的信息。

顺应原则强调口译者要把握并准确转化源语言的表达方式。每种语言都有其独特的语法、词汇和表达方式，口译者需要在转化过程中灵活运用目标语言的表达方式，以使其更符合目标语言的习惯和习俗。只有这样，口译才会更加自然流畅，接受者才能更好地理解口译内容。

顺应原则还要求口译者在转化过程中注意语言的地域文化背景。不同地域的语言和文化背景对表达方式会有所影响，口译者需要注意这些差异，并在转化过程中充分考虑目标语言的文化特点，以确保口译内容更加符合接受者的理解和接受范围。

### （三）等效原则

在英语口译中，等效原则要求译员在进行口译时尽可能准确、精确地传达源语言的含义和信息。也就是说，在口译过程中，应该以等同或相近的方式表达源语言的内容，避免歧义和误解。

在运用等效原则时，译员需要透彻、准确地理解源语言。只有理解源语言的含义和意义，译员才能找到适当的等效方式进行表达。因此，译员在准备口译材料时，需要对源语言进行详细的研读和分析，深入了解源语言所涉及的领域和背景知识。

在运用等效原则时，译员要灵活运用各种翻译技巧和手段。这些技巧包括词汇的选择、句子的重组和调整，甚至是运用恰当的例子、比喻、类比等，使源语言和目标语言能够在语义上接近。译员还需要根据具体的口译场景和要求，选择合适的等效手法，确保口译结果准确和通顺。

文化背景也是影响等效的重要因素。不同的文化背景可能对同一源语言有不同的理解和表达。因此，在进行英语口译时，译员需要了解源语言所处的文化背景，尽可能在口译内容中融入相应的文化元素，以确保口译内容的质量和可理解性。

在实际的英语口译过程中，完全等效是很难实现的。译员需要综合考虑多个因素，包括语义、语法、文化等，找到最佳的等效方式。这要求译员具备丰富的语言功底和国际视野，能够在时间有限的情况下作出准确的判断和选择。

### (四)文化适应原则

文化适应原则要求译员在进行口译工作时,必须根据不同的文化背景进行适应和调整。在跨文化交流中,不同的国家和地区拥有各自独特的文化习惯、价值观和沟通方式,因此译员需要具备一定的文化素养和跨文化交际能力,以确保口译工作的准确性和适宜性。

文化适应原则要求译员在选择合适的词汇和表达方式上适应文化。在不同的文化语境中,同一概念可能具有不同的称谓,甚至某些概念在某些文化中可能没有完全对应的表达。因此,在口译过程中,译员需要灵活运用适合目标文化的词汇和表达方式,以确保信息准确传达。

文化适应原则要求译者在理解和传达口译内容时考虑到不同文化中的习惯和习俗。比如,在某些国家或地区,某些行为和言语可能被视为不礼貌或冒犯,而在其他地方却是常见且被接受的。因此,译员在传达时需要进行必要的调整和适应,避免给听众带来误解或不适。

文化适应原则要求译员在面对文化差异时保持开放心态和尊重态度。在跨文化交流中,译员可能会遇到一些与自己文化观念不同的观点和做法,这时候,尊重和包容是非常重要的。译员需要学会尊重和接纳文化差异,积极倾听和理解对方的意图和观点,并在传达时保持客观中立的立场,以促进有效交流和理解。

## 三、英语口译的标准

### (一)语言标准

#### 1. 语言准确性

英语口译需要译员具备扎实的语言基础,灵活运用词汇和语法结构,以确保准确无误地传递信息。准确的语言表达不仅包括单词的正确使用,还包括正确的语音、语调和语流。译员应避免在表达过程中产生语法错误、用词不当或失去信息的关键细节。

#### 2. 语言流畅性

英语口译需要译员能够自如地表达,不卡顿、不结巴。流畅的口语能够增加听众的理解和接受度，同时也有利于传递信息连贯。要达到流畅的口译水平，译员需要不断训练口语表达能力，提高对语音语调的敏感度，并熟悉各种语言表达习惯和表达方式。

3. 文化适应性

英语口译的语言标准还包括对文化差异的适应能力。不同的文化背景会影响信息的传递和理解。译员应该具备良好的跨文化沟通能力，了解目标语言和源语言之间的文化差异，避免在翻译过程中产生文化冲突或误解。理解和尊重不同的文化背景，能够更好地传递原意，确保信息准确、全面传达。

4. 非文字信息处理能力

语言标准还涉及非文字信息处理能力，如肢体语言、面部表情和语音语调等。在英语口译中，理解并准确地传递非文字信息同样重要。译员需要观察讲话者的肢体语言和面部表情，捕捉其中蕴含的信息，并通过适当的语音语调来传达讲话者的语境和情感。这样能够更好地满足听众需求，使口译更加生动和有说服力。

### （二）技巧标准

1. 专注与理解

在进行英语口译时，译员需要全神贯注地听取源语言的内容，并迅速理解其中的意思和逻辑关系。只有深入理解原文，译员才能准确地转达并传达讲话者所要表达的信息。

2. 即时转换

即时转换语言，需要译员迅速翻译源语言，并将其表达出来。这要求译员具备高度的语言敏感性和快速反应能力。只有在语言的转换上做到准确、流畅，才能有效地传达信息。

3. 适应场景

英语口译涉及的场景多种多样，译员需要根据不同的场景灵活运用技巧。在会议、演讲或商务场合中，译员需要以专业的慎重态度，恰当地运用适当的技巧，确保所传达的信息准确无误。

4.思维快捷

英语口译要求译员思维反应速度快,能够快速捕捉信息并进行转化。这意味着译员需要在短时间内准确理解源语言,将其转化为流利的目标语言,并通过流畅的语速传达出来。思维敏捷使译员能够应对各种复杂的情况,并保持口译的连贯性。

5.文化意识

英语口译涉及不同的语言和文化环境,译员需要具备良好的文化意识。理解语言之外的背景和文化差异可以帮助译员更准确地传达信息,并避免在口译过程中产生误解或引起冲突。对于特定领域的英语口译,如法律、医学等,译员还需要具备相关领域知识,以确保专业性和准确性。

### (三)道德标准

译员应本着诚信原则进行口译工作,应尽力传达演讲者或演讲内容的真实意图,而不会故意扭曲信息或有意误导听众。应当为自己所口译的内容承担责任,并遵守保密协议,确保不泄露任何敏感信息。

译员应对演讲者和听众保持中立态度,不应在口译过程中加入个人观点或情感色彩,而应以客观、中立的方式进行翻译。译员在面对复杂的情境时,应谨慎选择合适的措辞,保持原文的准确性和客观性。

译员应尊重演讲者的知识产权和版权,不得为个人或商业目的擅自复制、传播或利用演讲内容。译员应知晓并遵守知识产权法律法规,确保合法使用演讲者的作品,并在必要时获得授权。

对于待译内容的敏感性,译员应保持谨慎和严肃的态度。译员理应意识到自己的翻译有可能对政治、经济、文化等领域产生重大影响。在面对敏感话题时,译员应谨慎选择措辞,避免引发争议或误解。

译员应提高自身的职业素养和道德修养。译员应积极参加培训,不断学习新知识和技能,提升专业水平。同时,译员应自觉遵守职业道德规范,涵养和提升自己的职业形象。

### (四)综合素质标准

综合素质是英语口译中评判一名译员综合能力的重要标准。译员的综合素质体现了他们在语言、技巧和道德等方面的全面发展。

1.具备扎实的语言基础

译员需要具备丰富的词汇量、准确的语法运用能力以及流利的口语表达能力。掌握的英语词汇量对于理解和传达信息至关重要。良好的语法运用能力可以让译员的表达更加准确，避免语法错误对信息传递的干扰。流利的口语表达能力可以提高译员处理信息的速度和流畅度。

2.掌握丰富的技巧

对于译员而言，技巧包括对于瞬间记忆的运用、快速分析和理解语境的能力、准确地选择词语和表达方式的能力等。译员需要善于捕捉和理解演讲者的意图和思路，并能够在短时间内准确地传达出来。掌握各种口译技巧和策略也能帮助译员应对不同场合和不同主题的口译任务。

3.对各种情境的适应能力和应变能力

英语口译需要面对各种主题和话题，如政治、经济、科技等不同领域的内容。因此，译员需要具备广博的知识储备，不断学习和完善自己的专业知识。此外，英语口译还需要应对不同形式和不同难度的口译任务，译员需要具备良好的应变能力和临场抉择能力。

## 四、英语口译的基本方法与常用技巧

### (一)传译法

在英语口译中，传译法通过对源语言的理解和诠释，将其准确地转化为目标语言。传译法在英语口译中应用颇为广泛，可以用于各种口译场景，如会议、讲座、商务谈判等。

传译法的核心在于对源语言的准确理解。译员需要深入研究源语言的语义、结构和背景信息，以确保在口译过程中不失原意。在进行传译时，译员应该灵活运用各种翻译技巧和策略，如同义转换、添加补充信息、省略多余细节等，以更好地传达源语言的意思。

除了准确传译源语言，传译法还要求译员在口译过程中保持节奏和连贯性。译员应该根据源语言的句子结构和语感，合理地组织目标语言的表达方式，使其符合表达习惯。同时，译员还需注意控制语速和语调，以确保口译交流的有效性。

除了传译源语言，译员还应考虑译语的可理解性和可接受性。传译法鼓励译员在目标语言中使用常见的词语和表达方式，避免使用过于生僻或专业化的词汇，以提高译语的可理解性。此外，译员还需注意目标语言的文化背景和语用习惯，以确保译语准确和自然流畅。

在实践中，传译法不仅适用于长篇的讲演或会议，也适用于短句的口译场景。译员可以通过传译法，将源语言中的关键信息准确传递给听众，使其能够理解和接收到所传递的信息。

### （二）笔记法

在英语口译中，笔记法用于帮助译员更好地记忆和理解所听到的内容，并且能够准确地转述出来。通过合理的笔记技巧，译员可以更好地应对口译过程中的挑战，提高口译的准确性和流利度。

在使用笔记法时，译员需要注意抓住关键信息。口译过程中，听到的信息可能会非常庞杂，而且往往是瞬间闪过。因此，译员应该能够迅速分辨出哪些信息是最重要的，并在笔记中着重记录下来。这样可以帮助他们在转述时能够更准确地表达原意。

在记录关键信息时，译员可以使用符号、简化词语等方法来提高效率。由于受到时间和空间的限制，译员不可能把所有的内容都完整地记录下来。因此，他们需要在记录时运用一些简化的方法，如使用缩写词、符号或简洁的短语，以便在转述时能够迅速理解并表达出来。这样不仅可以提高笔记的速度，还可以减少转述时的困惑和错误。

译员还应该善于使用图表、思维导图等辅助工具来帮助记忆和理解。口译过程中，信息的复杂性和数量都是很大的挑战，容易导致遗忘或混淆。因此，除记录关键信息之外，译员还可以通过绘制图表、制作思维导图等方式来梳理和组织相关信息，以便更好地记忆和理解。

反复练习和实践也是掌握笔记法的重要途径。只有不断地实践和反复练习，译员才能在实际应用中熟练掌握笔记技巧。可以通过模拟口译、跟读、听辨等方式来训练自己的笔记能力，不断提高自己的反应速度和准确性。

### （三）记忆法

在英语口译中，记忆法可以帮助译员通过记忆和回忆的方式准确传达源语言的信息。记忆法的核心在于译员通过预先熟悉和记忆演讲内容，然后在口译过程中通过回忆的方式进行表达，从而保证口译的准确性和连贯性。

1.熟悉演讲内容

译员在进行口译之前，需要反复阅读和理解演讲内容，确保掌握和准确理解演讲内容。在阅读过程中，可以使用彩色标记或画线的方式将重要信息和关键词标注出来，以便在记忆和回忆过程中更加便捷地寻找。

2.反复记忆

译员可以通过不间断地反复记忆演讲内容的方式，将关键信息和句子结构牢记于心。可以采用重复朗读、默写等方法来加强记忆效果。可以将演讲内容拆分为段落或句子，逐段进行记忆，以确保每个部分都能准确表达。

3.多次模拟口译

译员可以将记忆的演讲内容用自己的语言进行模拟口译，从而检验记忆的准确性和连贯性。通过不断的模拟，译员可以找到合适的表达方式和语言技巧，提高口译的质量和流畅度。

4.实践应用

译员在实际口译中，可以根据需要使用记忆法进行口译。在实践过程中，译员需要保持自信和专注，将记忆的源语言转化为流畅、准确的目标语言表达。同时，译员也要灵活运用其他口译技巧和方法，以应对各种口译场景和挑战。

### （四）应用技巧

1.举例法

举例法即通过具体例子来解释和说明口译内容。举例可以使口译更加生动和易于理解。例如，在对话中提及某个国家的政策时，可以举一个具体案例来说明该政策对人民生活的影响。

2.对比法

对比法可以将口译内容与其他相关内容进行对比，以突出不同之处。对比可以帮助听众更好地理解和记忆口译内容。例如，在介绍两个国家的教育制度时，可以对比它们的不同教育理念、教学方法和学生评价体系等方面的差异。

3.分类法

分类法可以将大量的信息进行分类归纳，从而使口译内容更有层次和条理。清晰的分类可以帮助听众更好地理解和记忆口译内容。例如，在介绍一种新的科技产品时，可以将其从功能、特点、优势等方面进行分类，并对每个方面进行详细的说明。

4.比喻法

比喻法可以通过对不同事物之间的类比来解释和说明口译内容。比喻可以使口译更加形象生动，易于理解和记忆。例如，在解释一个复杂的概念时，可以使用生活中常见的比喻来帮助听众更好地理解。

## 第二节　高校英语口译教学的内涵

### 一、高校英语口译教学的目标

#### (一)提高学生的语言能力

教师可以通过系统的语言知识讲解和练习，来提升学生的词汇量和语法掌握能力。通过词汇的学习，学生可以更准确地理解和表达信息，从而在口译过程中能够更流畅地进行转译。同时，通过语法练习，学生可以更准确地理解句子结构和语言规则，提高口译的准确性和流畅度。

教师可以开展听力和口语训练，以提升学生的听说能力。在口译中，准确地听懂原文是十分重要的，因此通过听力训练，学生可以提升听取信息的能力，对口译内容有更好的理解。同时，口译也要求学生能够准确地表达译文，因此通过口语训练，学生可以提高自己的发音准确性和口头表达能力。

除了语言知识的提升，学生还需要培养一定的阅读能力。阅读训练可以帮助学生提高快速理解文本的能力，在口译过程中，学生能够更迅速地理解原文的内容，提高口译的效率。此外，阅读训练也可以帮助学生积累相关领域的知识和词汇，为理解原文提供更大的帮助。

教师还可以通过模拟口译实践来提高学生的语言能力。教师通过给学生提供各种类型的口译材料，如新闻报道、演讲、访谈等，让学生进行实际的口译练习和演练。这样，学生可以在实践中不断提高自己的口译能力，熟悉各种场景下的口译技巧和应对策略。

## (二)训练学生的口译技能

### 1.培养语言表达能力

在高校英语口译教学中，为了训练学生的口译技能，需要他们具备良好的语言表达能力。这意味着学生需要具备扎实的语法、词汇和语音基础。通过系统的语言训练，学生可以提高自己的语言运用能力，能够理解并准确表达不同语境下的意义。

### 2.培养听觉感知能力

口译的核心是听译，因此培养学生的听觉感知能力至关重要。在高校英语口译教学中，通过丰富的听力练习和模拟场景的实践活动，学生可以逐渐提高对不同语言表达形式的听取和理解能力。此外，学生还可以通过参加听力材料的翻译和口译练习，进一步锻炼自己的听觉感知能力。

### 3.培养思维敏锐度

在高校英语口译教学中，需要培养学生的思维敏锐度，使他们能够快速捕捉并理解听到的信息。这涉及对语言结构、语意和语境的准确理解和分析。通过模拟实际口译场景，学生可以提高他们的分析和思维能力，培养对不同语言表达形式的敏感度和洞察力。

### 4.培养应变能力

高校英语口译教学的一个重要目标是培养学生的应变能力。在实际的口译工作中，译员会遇到各种场景和语言表达形式的挑战。因此，学生需要具备灵活适应和应对的能力。通过精心设计的练习和角色扮演，学生可以模拟真实的口译场景，以培养自己的实际应变能力。

5.培养团队合作能力

高校英语口译教学强调培养学生的团队合作能力。在实际的口译工作中，学生通常需要与其他译员紧密合作，共同完成翻译任务。因此，培养学生的团队合作能力对于他们未来从事口译工作至关重要。通过参加合作项目、团队分工和互动讨论等活动，学生可以提高自己的团队合作能力和协作精神。

### (三)培养学生的跨文化交际能力

在高校英语口译教学中，培养学生的跨文化交际能力扮演着至关重要的角色。随着全球化的加深，跨文化交际能力已成为现代社会中不可或缺的关键能力。因此，高校英语口译教学应该注重培养学生与不同文化背景的人进行有效沟通的能力。

学生需要具备跨文化意识，这意味着他们需要了解和尊重不同国家和地区的文化背景、价值观和社会习俗。通过学习不同文化的语言、历史、地理、宗教等知识，学生可以更好地理解和适应不同文化环境，从而有效地进行跨文化交际。

学生需要具备良好的跨文化沟通能力，这不仅包括语言表达的准确性，还包括语言使用的得体性和文化敏感性。学生应该学会灵活运用口译技巧，准确传达源语言的信息并适应目标文化的表达方式。同时，学生还需要学会嵌入文化背景和习俗元素，使信息的传递更加自然和贴切。

在跨文化交际中，面对不同的文化背景和沟通场景，学生需要灵活应用不同的策略来实现有效交流。比如，学生可以借助问答式的交流方式来增强双方的互动和理解；通过多样化的语言风格和表达方式来避免文化误解和交际障碍。这些策略的运用不仅能够提升学生的口译效果，而且能够增进不同文化之间的了解和友好交往。

## 二、高校英语口译教学的原则

### (一)语言和思维的双向训练

在高校英语口译教学中，语言和思维是密不可分的，英语口译的目标不仅仅是将一种语言转换成另一种语言,更重要的是要理解思维背后的含义,并能准确表达出来。

语言和思维的双向训练要求学生能够灵活运用各种翻译策略,并能根据不同的语境和表达需求选择合适的翻译方法。这既需要学生具备扎实的语言基础,又需要他们具备丰富的文化和专业知识。通过课堂上大量的实际练习和对真实场景的模拟,学生可以逐渐培养出对文本逻辑和思维模式的敏感性和洞察力。

语言和思维的双向训练要求学生具备良好的跨文化沟通能力。口译不仅仅是简单的语言转译,更是在跨文化背景下进行信息的传递和理解。在实际口译中,学生需要了解并遵守各种文化礼仪和习惯,避免因文化差异而导致误解和冲突。因此,教师应该积极引导学生关注不同文化间的语言习惯和沟通方式,通过跨文化交流实践,提高学生的文化敏感性和跨文化适应能力。

语言和思维的双向训练离不开学生对专业知识的深入理解。口译是在特定领域内进行的,学生需要掌握相关领域的专业知识,了解其中的术语和概念,以便能够准确传达信息。因此,教师应该注重将专业知识与口译实践相结合,通过案例分析、实例演练等方式,提高学生对专业内容的把握能力。

### (二)以学生为中心的教学方法

在高校英语口译教学中,以学生为中心的教学方法被广泛应用和认可。这种教学方法的核心理念是将学生置于教学的核心地位,关注学生的需求、兴趣和能力,并以促进学生自主学习和积极参与为目标。引入以学生为中心的教学方法,可以更好地激发学生的学习动力,增强其学习的积极性和自主性。

在这种教学方法下,教师的角色转变为协助者和指导者。教师不再是传统意义上的知识传授者,而是与学生共同探索和发现知识的引路人。教师应充分了解学生的背景、需求和学习风格,并根据学生的不同特点为学生提供个性化的学习支持和指导。这有助于激发学生的学习兴趣,提高他们的学习效果。

在以学生为中心的教学方法中,学生的角色也发生了变化。他们不再是被动接受知识的对象,而是主动参与学习、积极探索和构建知识的主体。学生在教学过程中扮演更积极的角色,能够提出问题、与教师和同学互动、分享学习成果等。这种积极参与的学习方式不仅提高了学生的学习兴趣和动力,还培养了他们的自主学习能力和批判性思维能力。

以学生为中心的教学方法还注重培养学生的合作意识和团队合作能力。在口译教学中,学生需要在一定的时间内完成团队作业,与其他学生协作、合作完成任务。这种合作学习的方式既促进了学生之间互相帮助和支持,也提高了他们的协调能力和沟通能力。

### (三)综合实践与理论学习的结合

为了提高高校英语口译教学的质量和效果,综合实践与理论学习的结合是至关重要的。这种结合能够帮助学生全面地理解口译的要求和技巧,并且在实践中不断加以应用和提升。

通过综合实践,学生能够更深入地了解实际口译的环境和要求。在课堂上,教师可以组织各种实际场景的模拟训练,如模拟联合国会议、商务洽谈等。这样的实践训练能够帮助学生熟悉各种场景下的词汇、表达方式和语言习惯,增强他们的实际口译能力。

只有通过系统的理论学习,学生才能更好地把握和理解实际口译中的技巧和原则。因此,在教学中,教师应该注重理论知识的讲解和学习。教师可以通过讲解笔记、教材和案例分析等形式,系统地介绍和讲解口译的基本原理和技巧,引导学生深入思考和理解,提高他们的专业素养。

在教学中,教师可以通过课堂讲解和模拟训练相结合的方式,使学生在实践中不断感受到理论知识的应用和实际效果。例如,在模拟联合国会议中,教师可以引导学生在实践中应用课堂中学到的技巧和方法,从而帮助他们更好地理解和掌握课程内容。

综合实践与理论学习的结合,不仅能够帮助学生更好地掌握口译技巧,还能够培养他们的自主学习能力和创新能力。通过实践中的反思和总结,学生能够不断反馈和调整自己的学习策略,进一步提高口译能力。

## 三、高校英语口译教学的过程

### (一)文本理解阶段

在高校英语口译教学中,文本理解阶段旨在确保译者对原文的内容、意图以及上下文有一个准确的理解,为后续的翻译决策和口译表达阶段奠定坚实的基础。

在文本理解阶段,译者需要逐字逐句阅读,细致地分析原文的句子结构、语法以及词汇含义。通过对原文的整体把握,译者能够更好地理解原文的大意和核心信息。

在文本理解阶段，译者需要注重对上下文的理解。对于某些表达方式、隐含意义或文化背景的参照，译者需要具备一定的背景知识并灵活运用。例如，对于某些特定行业的术语、文化习惯或政治背景，译者可能需要通过多角度的解读来确保正确理解。

在文本理解阶段，译者应当通过主动思考和提问来进一步强化对原文的理解。他们可以通过思考作者的意图、读者的背景以及文本所追求的目的来深入理解原文的内涵。此外，合理提出疑问、寻求澄清也有助于他们准确地掌握原文的信息。

在文本理解阶段，译者还应当注重细节。他们需要仔细分析原文中的各种细节，如数字、日期、专业术语等，在翻译过程中保持准确性和一致性。避免在理解原文时忽略细节方面的问题，有助于提高翻译结果的质量和准确度。

### (二)翻译决策阶段

翻译决策阶段是高校英语口译教学中的一个重要环节，它对于确保翻译质量具有至关重要的作用。在这个阶段，译者需要根据文本的特点、语境以及目标语言读者的需求，做出准确、得体的翻译决策。

在翻译决策阶段，译者需要对翻译的语言材料进行全面的理解。通过仔细阅读、分析源语言文本中的语言结构、语义以及上下文的关系，译者能够获得充分的信息，有助于正确把握原文的意思。在进行翻译决策时，译者要意识到语言是灵活多变的，不同句子、词语在不同语境下可能有不同的译法。因此，译者需要仔细斟酌，并权衡各种翻译选择。

在翻译决策阶段，译者需要根据目标语言读者的需求和背景信息，确定翻译的准确性和流畅度。翻译不仅仅是简单地将源语言文本转换为目标语言文本，更重要的是能够传达源语言文本的意义和信息，让目标语言读者能够准确理解。因此，译者在进行翻译决策时，必须考虑目标语言读者的文化背景、专业知识和语言习惯等因素，确保翻译结果在意义上与源语言文本一致，并能够流畅自然地表达。

在翻译决策阶段，翻译决策需要考虑到翻译过程中的风格和效果的问题。根据不同的翻译目标和要求，译者需要选择合适的语言风格和表达方式，以确保翻译结果符合目标语言的规范和习惯。例如，在翻译文学作品时，译者需要注重保持原作的文学风格和艺术效果，而在翻译科技文档时，则要注重准确、简明表达。

在进行翻译决策时，译者需要考虑到对文本的尊重和保留。有时候，源语言文本中包含了一些特定的文化、习语或者典故等内容，这些内容可能会在目标语言中产生困惑或失去原有意义。在这种情况下，译者需要灵活处理，以确保翻译结果不仅准确地传达了原文的意思，同时也尊重和保留了原文的特色和风格。

### （三）口译表达阶段

在口译表达阶段，译者需要将已经理解的信息转化为准确、流利、自然的目标语言表达，以达到表达信息的目的。

在口译表达阶段，译者要充分运用已掌握的语言知识和技能，包括词汇、语法、语音、语调等，以确保口译的准确性和规范性。准确性是指译者要准确理解原文的含义，并将其转化为目标语言传达出去，确保信息的完整性和准确性。规范性是指在口译表达要遵循语言的规范和习惯，使用恰当的词汇、句式和语法结构，使表达更加当地化和自然化。

在口译表达阶段，译者要注意口译的流利性和连贯性。流利性是指译者要有良好的口语表达能力，流利地使用目标语言，不卡顿、不含糊。连贯性是指在表达过程中注意语句之间的衔接和连接，表达过程连贯自然，不断行，更顺畅。

在口译表达阶段，译者要注重情感传达。口译表达不仅是信息的传递，还包含了情感的传达。译者要根据原文的语气、情绪和意图，灵活运用语音、语调和肢体语言等手段，准确地传达原文所表达的情感，使听众能够更好地理解原文的意思和情感色彩。

口译表达阶段也需要译者具备良好的应变能力。在实际的口译过程中，可能会遇到一些意外情况，译者需要及时做出调整和应变。译者需要保持冷静、灵活，根据情况进行适当的调整和变通，以确保口译的连贯性和准确性。

### （四）反馈与修正阶段

在高校英语口译教学中，反馈与修正阶段的目的是通过对已完成的翻译表达进行评估和反思，发现存在的问题并进行修正，以提高口译质量和准确性。

在反馈与修正阶段，口译学习者应该借助各种工具和资源，如语音录音、笔记记录等，对自己的口译表达进行录音回放和反思。通过认真聆听自己的表达，口译学习者可以发现自己在发音、语调、语速等方面存在的问题，并且注意到自己可能出现的语法或语义错误。这样的反馈可以帮助学习者更好地了解自己的弱点和需要改进的方面。

在反馈与修正阶段，学习者还可以寻求他人的反馈和建议。在口译教学中，教师和同伴的反馈意见是学习者改进口译能力的宝贵资源。教师可以通过评估学习者的口译表达，指出其存在的问题，并提供相应的建议。同伴之间也可以互相评估和反馈，分享彼此的经验和技巧。通过与他人交流和反馈，学习者可以全面地认识自己的优势和劣势，并有针对性地进行修正和改进。

在修正口译表达时，学习者应该注重自我反省和自我纠正。通过对错误表达的深入分析，学习者可以找出错误的原因并制定相应的改进措施。例如，发现自己在特定语境下容易出现翻译偏差，学习者可以有针对性地加强对该语境的理解和应对能力。另外，学习者还可以积极参与口译实践和模拟训练，通过不断练习和反思，逐步提高自己的口译能力。

反馈与修正过程不仅是对个体口译表达的修正，也是对整个教学过程的反思和改进。教师可以根据学习者反馈的问题和困惑，调整教学内容和方法，更好地满足学习者的需求。同时，教师还可以通过分享教学案例和实例，帮助学习者更好地理解和应用口译理论知识。

## 四、高校英语口译教学的策略

### （一）创设语境，模拟实际翻译场景

在高校英语口译教学中，为了提高学生的翻译能力和实际应用能力，常用的一种教学策略是创设语境、模拟实际翻译场景。将学生置于各种真实的翻译情境中，可以帮助他们更好地理解和适应实际翻译工作的要求，从而提升口译的质量和效果。

创设语境主要包括两个方面：一是选择合适的材料和语言环境；二是提供适当的文化背景和专业知识。对于选择材料和语言环境，教师可以根据学生的水平和需要，选择一些与他们感兴趣或熟悉的话题，如科技、商务、法律等领域的翻译情境，让学生在这些情境中进行口译练习。同时，为了让学生获得更多的专业知识，教师可以在教学过程中提供相关的背景资料，帮助学生理解并准确翻译其中的专业术语和概念。

在创设语境的基础上，模拟实际翻译场景也是非常重要的。教师可以组织学生参与一些仿真翻译任务，如模拟商务会议、模拟新闻发布会等，并通过实际的角色扮演让学生体验和应对不同场景下的翻译挑战。在这些练习中，学生不仅要准确翻译背景材料，还要实时应对现场的变化和压力，提高口译的实用性和应变

能力。

创设语境和模拟实际翻译场景，可以使学生在教学环境中接触到更多真实的翻译任务，提高他们的专业素养和实践能力。此外，这种教学策略也能够培养学生的跨文化交际能力和团队合作意识，帮助他们更好地适应多元化的翻译环境。

## （二）利用科技手段，提高教学效果

当今社会，科技的迅猛发展为口译教学提供了许多创新的手段和渠道，因此教师在教学过程中充分利用科技手段，能够有效提高教学效果。下面将探讨如何利用科技手段来提升高校英语口译教学效果。

### 1. 多媒体技术

通过使用投影仪、音频设备等多媒体设备，教师可以将各种真实的口译场景、实际的语言环境呈现给学生。例如，可以播放真实的英语口译素材，让学生在课堂上模拟翻译，并及时给予反馈。这样的互动式教学方式，能够帮助学生更好地理解和应用所学知识，提高其口译表达能力。

### 2. 网络和互联网技术

教师可以引导学生利用网络资源进行听力训练、语言背景了解等。同时，通过在线学习平台或视频会议系统，可以与海外的语言学习者、翻译专家进行远程交流与讨论。这种远程合作的学习方式，不仅能够提高学生的跨文化交际能力，还能够使学生置身于真实的国际翻译环境中，提高其实际应用能力。

### 3. 电子辅助翻译工具

通过使用计算机辅助翻译软件和词典等工具，学生可以更快、更准确地进行翻译。这些工具可以帮助学生识别语言中的难点、常见错误以及合适的表达方式，从而提高翻译的质量和效率。同时，通过使用这些工具，学生还能够加深对专业术语、语言搭配的理解和掌握。

## （三）建立反馈机制，提升学生学习效率

在高校英语口译教学中，建立有效的反馈机制是提升学生学习效率的重要手段。通过及时反馈和评估，学生可以更好地了解自己的优势和不足，从而有针对

性地进行补充和改进。

建立反馈机制需要教师充分了解学生的学习情况。教师可以采用各种形式的测评工具,包括考试、作业、口头表达等,来全面了解学生的口译能力。这样,教师可以据此制订合适的教学计划,有针对性地进行教学。

教师应该及时给予学生反馈,帮助他们发现并纠正错误。教师可以通过个别辅导、小组讨论、在线交流等多种方式与学生进行互动,鼓励他们分享自己的翻译经验和困惑。教师还可以提供案例分析,帮助学生理解和改进自己的翻译技巧。

除了教师的反馈,学生之间的互动也是反馈机制的重要组成部分。学生可以利用小组合作、同伴评估等方式相互交流和分享彼此的翻译成果,相互批评和建议,从中获得反馈和启发。这种合作学习不仅可以帮助学生发现自身的问题,还能加深学生对知识的理解和记忆。

借助现代科技手段也有助于建立和拓展反馈机制。教师可以利用在线辅导平台、虚拟翻译实验室等工具,实现远程授课和学生作业在线提交与批改。这样,教师可以更灵活地与学生进行沟通和反馈,提高学生的学习效率和自主学习能力。

## 第三节　高校英语口译教学设计

### 一、高校英语口译教学目标设计

#### (一)课程目标设定

1.课程目标概述

在高校英语口译教学中,设定清晰、明确的课程目标是确保教学活动有效开展的关键。课程目标设定旨在通过明确阐述教学的内容和要求,引导学生全面提升英语口译的能力和水平。

2.课程目标的分类

在高校英语口译教学中,课程目标可分为课程自身目标和个人能力目标两个层次。课程自身目标是指整个课程期望达到的总体教学效果,通常与社会需求、行业标准等紧密对接。个人能力目标则是指学生个体在英语口译方面所期望达到的能力水平。

3.课程目标设定的原则

课程目标设定需遵循一定的原则，以确保教学目标的科学性和可操作性。课程目标设定应遵循学生的发展规律和学习特点，尊重学生个体差异，确保目标可行性。同时，课程目标设定应与社会需求和行业标准紧密结合，使教学目标更具实际意义和应用性。另外，课程目标设定应具备可评价性和可追踪性，通过评估和反馈，及时调整教学策略，以达到预期效果。

4.课程目标设定的步骤

课程目标设定可分为确定教学范围、分解目标、设定指标和编写描述四个步骤。确定教学范围，即明确教学内容和学习层面。分解目标，即将整体目标进一步分解，形成具体的教学目标，确保目标的可操作性。设定指标，即通过量化和可度量的标准来描述目标的达成情况。编写描述，即用清晰、简洁的语言说明目标要求，确保学生理解和掌握。

5.课程目标设定的实施

为了确保课程目标设定的实施效果，需要通过多种手段和途径来支持教学目标实践。教学方法应多样化，以满足不同学生的学习需求。同时，适当的教学资源和材料也需要提供，以帮助学生更好地达成预期目标。此外，及时的教学反馈和评估是必要的，以监控学生学习进展，及时调整教学策略。

### （二）个人能力目标设定

在高校英语口译教学中，通过明确个人能力目标，学生能够更好地理解自己的学习方向、规划个人的学习路径，并且能更有效地提升自己的英语口译能力。

1.基于学生对口译技能的理解和现实需求的分析

学生在高校学习英语口译的主要目标是掌握一定的技巧和策略，能够进行准确、流利、情感准确、语言地道的口译表达。因此，个人能力目标的设定应该注重培养学生的听力能力、口语表达能力、思维能力和文化素养。提高学生的听力水平，使其能够听懂各类不同口音和语速的原文语料；提高学生的口语表达能力，使其能够准确、连贯地传达信息；培养学生的思维能力，使其能够快速捕捉信息、理解思维逻辑并进行适当的外延表达；培养学生的文化素养，使其具备理解和适应跨文化交流的能力。

2.具体而有挑战性

目标的具体性可以帮助学生明确自己需要达到的具体能力水平，从而更好地制订学习计划。挑战性目标则能够激发学生的学习动力和进取心，促使其更加努力地去攻克难题。例如，一个具体而有挑战性的个人能力目标可以是：通过一学期的学习，能够熟练运用基本的口译技巧，准确地进行实时口译表达，并能够理解不同领域的专业术语和语境。

3.可测量和可反馈

只有能够测量和评估目标的完成程度，学生才能清楚地了解自己的学习进展。通过定期的评估和反馈，学生能够及时调整学习策略和方法，更好地实现个人能力目标。因此，在个人能力目标的设定过程中，需要明确评估的标准和方法，确保目标的可测量性和可反馈性。

### （三）社会需求与目标对接

1.现实背景与社会需求分析

在设计高校英语口译教学目标时，必须将其与社会需求相对接。教师需要深入分析现实背景与社会需求。随着经济全球化和国际交流的不断深入，英语口译在各个领域中的重要性日益凸显。跨国公司、国际会议、外交谈判等各种场合都对高水平的英语口译人才有着迫切需求。同时，随着国内对外开放程度的不断提高，社会对高校英语口译教学质量和培养效果的要求越来越高。

2.社会需求与目标制定的原则

为了更好地满足社会需求，在制定口译教学目标时应遵循一些原则。目标要与社会需求紧密结合，以培养适应社会需求的英语口译人才为出发点。目标要具有可操作性和可评价性，即能够通过明确的指标来衡量学生的口译能力。此外，目标要具备一定的前瞻性，即能够预测和适应未来社会对英语口译人才的需求变化。

3. 目标对接实践方法和策略

在将社会需求与高校英语口译教学目标对接时，可以采用以下一些实践方法和策略。高校可以通过与相关企事业单位合作，深入了解目标行业的具体需求，从而更好地调整和优化教学目标。开展市场调研，了解就业市场对英语口译人才的需求状况，对目标进行有针对性的调整。此外，高校可以邀请行业专家或在职英语译者来校进行学术交流，提供实践经验和建议，以指导目标的制定和实施。

4. 目标对接的实际操作步骤

将社会需求与高校英语口译教学目标对接，并不是一项简单的任务。为了确保目标对接的质量和效果，高校需要进行一系列的实际操作步骤。高校需要明确目标对接的具体内容和范围，以确保对接的准确性和针对性。高校需要建立有效的信息收集和反馈机制，及时掌握社会需求的变化和趋势，及时调整和优化教学目标。

## 二、高校英语口译教学内容设计

### (一)课程内容规划

在高校英语口译教学中，课程内容规划是设计和组织教学的基础。针对口译教学的特点和学生需求，科学合理地规划课程内容，既能够提高学生的口译能力，又能够激发他们的学习兴趣。

课程内容应当全面覆盖口译技巧和知识范围。口译技巧包括口译的基本要素，如听力训练、口语表达、记忆力和反应能力等。口译知识则包括对不同领域专业术语的理解和运用以及对语言文化背景的了解。因此，在课程内容规划中，需要设立相应的模块，以确保学生能够全面地学习和掌握口译所需的技巧和知识。

课程内容规划应当注重实践操作和理论知识的结合。口译是一门实践性很强的学科，通过实际操作可以更好地培养学生的口译能力。因此，在课程内容规划中，应当合理安排课堂实践、模拟口译和实际口译等活动，以提高学生的实际口译能力。同时，也要注重理论知识的学习，通过教学讲解和学习资料，让学生了解口译相关理论知识，从而更好地指导实践操作。

课程内容与教学目标应当相互配合。教学内容是实现教学目标的具体体现，教学目标则是指导课程内容设计的根本。在课程内容规划中,应当明确教学目标,并根据教学目标来选择、组织和安排课程内容。只有两者合理配合,才能让学生在学习过程中有效地提高口译能力。

### (二)实际操作与理论知识相结合

在高校英语口译教学中,通过实践活动,学生可以将所学的口译理论知识应用到实际场景中,从而加深理解和掌握口译技巧与策略。

实际操作可以通过模拟口译和真实口译的方式进行。模拟口译是指在课堂上设置具体的口译情境,要求学生根据所学的理论知识进行口译演练。通过这种方式,学生可以锻炼听译和口译能力,提高其口译的准确性和流利度。而真实口译则是将学生置身于真实的口译现场,如参加学术会议、商务洽谈等,让他们直接与母语和外语嘉宾进行实际口译交流。这样的实践活动不仅可以培养学生在真实情境下的应变能力,还能提高学生的专业素养和口译技巧。

实际操作需要与口译理论知识相结合,以收到更好的教学效果。在口译实践过程中,教师可以引导学生分析和总结实际案例,结合所学的口译理论知识进行反思和讨论。通过这种方式,学生可以对口译中的难点和问题有更深入的理解,进一步提高口译水平。教师还可以提供实际案例解析和指导,帮助学生更好地应用口译理论知识,解决实际口译中的困难。

课程设计中可以加入一些实践项目,如口译比赛、口译演讲等,让学生在实践中展示自己的口译能力。这样的项目可以激发学生的学习积极性和口译热情,同时也可以提升他们的自信心和表达能力。

### (三)教学目标与课程内容紧密配合

在高校英语口译教学中,课程内容的设计必须与教学目标紧密配合,以确保学生在实践中能够有效地提高口译能力。

教学目标的明确性对课程内容的设计至关重要,教师应该明确口译教学的目标是培养学生的口译能力,包括听力、口语、翻译等方面。在确定教学目标的基础上,可以根据课程学时和学生的实际水平来细化目标,将其分解为不同的知识点和技能要求。这样,课程内容的设计就能够更好地与教学目标相契合,确保学生能够逐步达到预期的口译水平。

课程内容的选择应该能够满足学生在不同语境中进行口译的需求。口译工作往往涉及多领域、多专业的知识，因此课程内容的设计应该广泛涵盖各个领域的话题，包括政治、经济、文化、科技等。课程内容还应该充分考虑学生所面临的实际情境，如模拟联合国会议、商务会谈等，使学生能够通过课堂实践来提升口译能力，将理论知识与实际操作相结合。

课程内容的设计还应注重培养学生的学习兴趣和自主学习能力。口译教学应该是一种主动参与、积极学习的过程，教师应该创设多样化的教学环境和教学资源，激发学生的学习兴趣。例如，可以引入精彩的口译案例，让学生在实际演练中体验成功的喜悦，从而激发他们的学习动力。同时，教师还可以鼓励学生主动参与课堂活动，提供个性化的学习辅导，帮助学生建立有效的自主学习习惯，进一步提高学生的口译能力。

在课程内容设计过程中，教师还应该注重形成性评价策略。通过形成性评价，教师能够及时了解学生的学习情况，指导他们进一步进行学习调整。在口译教学中，可以使用各种形式的评价方式，如口头测试、书面作业、案例分析等，对学生的表现和作品进行评价，及时检验教学效果，有针对性地进行下一步的教学设计。

## 三、高校英语口译教学方法设计

### （一）互动教学法

互动教学法作为一种有效的英语口译教学方法，旨在提高高校学生的口译能力和交际能力。该教学法注重师生互动以及生生互动，通过不同形式的交流与合作，促使学生在口译过程中理解、运用和表达信息。

互动教学法的核心理念是教师和学生互动合作。在口译教学中，教师不仅仅是知识的传授者，更是学生的引导者和指导者。在互动教学法下，教师需要创造多种形式的互动环境，如小组讨论、角色扮演、情景模拟等，以激发学生的兴趣和积极参与。

在具体实施互动教学法时，教师可以设计一系列富有启发性和互动性的任务。例如，教师可以引导学生进行口译对话演练，让学生在模拟真实场景的情境下进行实际口译活动，从而培养他们的实际应用能力和反应速度。此外，教师还可以组织学生参与合作项目，鼓励他们在小组中互相交流、讨论和合作，以提高他们的合作能力和团队合作精神。

互动教学法的亮点在于培养学生的自主学习能力和批判性思维能力。通过与教师和同学的互动，学生可以主动探索和发现问题，积极思考和解决问题，并在实践中逐渐提升口译水平。同时，互动教学法也能够激发学生的创造性思维，培养他们的创新意识和解决问题的能力，从而不断提高他们的口译技巧和表达能力。

### （二）情景模拟法

在高校英语口译教学中，教师通过情景模拟，可以为学生提供真实的语境，让他们在模拟场景中进行口译实践，以提高他们的口译能力。这种教学方法具有独特的优点和价值，具体表现在以下几个方面。

1.增加学生的实践经验

口译是一项需要实际操作和实践的技能，仅有课堂上的听力训练和文本分析是不够的。通过情景模拟，学生可以在模拟的情景中体验真实的口译任务，接触到真实语言的应用，从而能够更好地理解和运用口译技巧。

2.激发学生的学习兴趣和动力

在情景模拟中，学生被置身于实际场景中，面对真实的交际需求，他们会感到任务的紧迫性和挑战性。这样的学习环境能够激发学生的兴趣，增强他们的主动性和积极性，提高学习效果。

3.培养学生解决问题的能力

在情景模拟中，学生需要在一定的时间和空间限制下，即时有效地进行口译工作。他们需要依靠已有的知识和技能，快速准确地解决口译中的难题，提高他们的技巧和应对能力。

4.促进学生的合作与沟通能力

在情景模拟中，学生通常需要与其他同学合作完成任务，相互沟通交流，共同解决问题。这种合作与沟通能力的培养对于口译能力的提高至关重要，因为在实际的口译工作中，与其他人的合作和沟通是必不可少的。

### （三）多媒体教学法

多媒体教学法是一种利用多种媒体技术来辅助教学的方法。它以其生动、直观、参与性强的特点，为提高学生口译能力提供了有效支持。

多媒体教学法可以通过图像、声音和视频等多种形式展示真实的语境和情境，帮助学生更好地理解语言和文化之间的关系。通过观看视频，学生可以接触到真实的语言使用场景，了解语言在不同情境中的应用方式，从而在口译中更准确地理解和传达信息。图像和声音的运用也可以激发学生的学习兴趣和动力。

多媒体教学法通过互动性设计，增强学生的参与度。比如，通过多媒体设备展示口译文本或词汇，学生可以根据指示实时进行口译练习，锻炼实际应用能力。教师还可以设置互动环节，如小组讨论、角色扮演等，激发学生实践口译技能的主动性，加深他们对所学内容的理解和应用。

多媒体教学法有助于提高学生的记忆和掌握能力。利用多媒体软件和工具，教师可以设计丰富多彩的教学材料，如配有图片和笔记的课件、在线练习等。学生可以更加直观地理解和掌握知识点，加深印象，提高口译的准确性和流利度。

### (四)个性化教学法

个性化教学法是一种强调学生个体差异和需求的教学方法。在英语口译教学中，个性化教学方法能够更好地满足不同学生的学习需求，提高他们的学习效果。以下从教学内容设计、教学活动设计和评估方式设计三个方面来介绍个性化教学法的运用。

#### 1. 教学内容设计

教师需要根据学生的学习背景、兴趣爱好、口译目标等因素，有针对性地设计教学内容。例如，针对对话口译的学生，可以引入更多的口语对话素材，让学生在实践中提高口译能力；针对笔译口译的学生，可以增加一些专业领域的文章或文件进行译文训练。这种个性化的教学内容设计，能够让学生更加有针对性地学习，提高他们学习的积极性和效果。

#### 2. 教学活动设计

教师可以设计不同形式的教学活动，以满足学生的个体差异需求。例如，对于喜欢小组合作学习的学生，可以组织口语对话练习或者团队翻译活动，让学生在合作中相互促进、共同进步；对于偏好个人独立学习的学生，可以提供个人练习题目或任务，鼓励他们自主完成。灵活多样的教学活动设计，能够激发学生的学习兴趣和动力，使他们更好地参与口译教学。

3.评估方式设计

传统的考试评估难以全面了解每个学生的实际能力和进步情况。因此,可以采用多元化的评估方式。例如,口语对话考试中可以引入角色扮演或情景对话,考查学生在真实情境中的表达能力。同时,可以鼓励学生进行自我评估和互评,让他们从评估中发现自己的不足,进一步完善口译能力。差异化的评估方式,能够更准确地评价学生的学习效果,为个性化教学提供有力支持。

## 四、英语口译教学过程设计

### (一)课前准备

在英语口译教学的课前准备阶段,教师需要做好充分的准备工作,以确保教学内容清晰明了,并有效地引导学生进行学习。以下从教学目标的制定、教材的选择和教学资源的准备三个方面来详细介绍课前准备的内容。

1.教学目标的制定

教师应该充分考虑学生的口译水平、学习需求和学习能力,制定切实可行的教学目标。例如,可以以提高学生的口译能力为主要目标,包括听力和口语训练、提升跨文化交际技巧等。此外,还应明确细分每个教学目标,以便更好地指导学生学习。

2.教材的选择

在选择教材时,教师应根据教学目标选取适合的教材和教学资源。可以选用与口译内容相关的听力材料、口语训练文本和专业背景知识资料等,帮助学生进行实际场景的模拟训练和实践。此外,还可以结合多媒体技术和互联网资源,引导学生进行自主学习和拓展知识面。

3.教学资源的准备

为了更好地支持教学过程,教师需要提前准备好教学资源和辅助工具。例如,可以准备口译实例、专业术语和短语的解释、参考资料和学习指导材料等。此外,还可以设计一些互动活动和小组讨论,促进学生积极参与和合作学习。

### （二）课中实施

在高校英语口译教学中，课中实施需要教师运用恰当的方法和策略，引导学生积极参与口译活动，提高他们的口译能力和技巧。

为了营造良好的学习氛围，教师可以使用多种交际策略，如让学生进行小组对话、模拟真实的口译场景。教师可以为学生提供一些相关的素材，如新闻报道、访谈录音等，让学生通过合作讨论来进行口译实践。这样的互动可以帮助学生提高听力和口语能力，并加深对口译过程的理解。

教师可以设置各种口译练习环节，如即时口译、逐句口译、跟读等。通过这些练习，学生可以锻炼听辨能力和表达能力，从而提高其快速准确地进行口译的能力。在练习中，教师可以注意学生的表达方式和语法错误，并及时给予指导和纠正，让学生不断改进口译技巧。

为了培养学生的自主学习能力，教师可以鼓励学生在课堂外进行口译实践。比如，要求学生跟随新闻联播进行口译练习；要求学生找到自己感兴趣的英文演讲，并进行口译实践。这样的自主学习可以帮助学生更好地巩固所学知识，并进一步提升其口译技能。

在课中实施阶段，教师还应该及时给予学生反馈和评价。通过评估学生的口译表现，教师可以帮助学生发现自身存在的问题，并为他们提供相应的指导和建议。同时，教师也可以在课堂上安排一些小测验，以检验学生对口译知识和技巧的掌握情况，同时激发学生的学习兴趣和积极性。

### （三）课后反馈

在英语口译教学过程中，课后反馈不仅可以帮助学生总结和巩固所学知识，还可以帮助教师了解学生对课程的理解和掌握情况，从而及时调整教学策略。

1. 评价学生口译作业

教师可以要求学生完成口译练习，如短文翻译、听力转述等，然后根据学生的表现进行评价与反馈。教师可以采用具体明确的评分标准，评估学生的准确性、流利度以及语法、词汇运用等方面的能力，同时给予他们有针对性的建议和指导，帮助他们改进口译技巧。

2. 学生互评

教师可以组织学生进行互评活动，要求他们对彼此的口译作业进行评价和反馈。这种方法可以提高学生的学习主动性和合作意识，同时也能够帮助他们更好地理解和分析口译过程中存在的问题与挑战。

3. 课堂讨论和小组讨论

在这些讨论中，教师可以引导学生回顾本节课的重点内容，并提出相关问题让学生思考和讨论。教师通过引导学生思考和分享自己的理解，能够帮助他们梳理知识结构，发现问题并加深对知识的理解和记忆。

4. 定期组织口译实践考试

通过模拟真实的口译考试场景和题型，教师能够全面了解学生的口译水平和技巧，并对其进行综合评价和反馈。教师可以根据考试结果，针对学生的弱点和问题提供有针对性的辅导和指导。

# 第五章　高校英语翻译教学的实践创新

## 第一节　基于智慧课堂的高校英语翻译教学实践

### 一、智慧课堂的特点

#### （一）智慧课堂的定义

智慧课堂，即利用先进的信息技术手段和教育理念进行课堂教学。它集成了多媒体、网络、云计算等技术，为教师和学生提供了交互、协作和个性化学习的环境。智慧课堂通过数字化教学资源、即时互动和数据分析等功能，促进了教育信息化的发展。智慧课堂的目标是提高教学效果，激发学生的学习兴趣和创造力。

#### （二）智慧课堂的特性

1. 高度互动性

通过电子白板、互动投影、学生个人设备等多种技术手段，教师和学生能够实时进行互动交流。在高校英语翻译教学中，学生可以随时提问、回答问题，教师也能够及时给予反馈和指导，增强了教学的互动性和参与度。

2. 教学资源多元化

智慧课堂的构建离不开丰富的教学资源支持。通过网络资源、电子教材、教学软件等，教师可以提供多样化的学习材料和内容。在高校英语翻译教学中，教师可以借助智慧课堂的多元化教学资源，引入真实世界的文本材料、音频、视频等，激发学生的学习兴趣，拓宽他们的知识广度。

3. 注重个性化学习

智慧课堂充分利用学生个人设备和学习管理系统，实现了对学生个性化学习的支持。在高校英语翻译教学中，通过智慧课堂，学生可以根据自己的学习需求和兴趣进行自主学习。教师可以根据学生的学习情况和反馈，有针对性地进行教学调整和个性化指导，提高学生的学习效果和满意度。

4.能够实时反馈与评估

通过智能化的学生个人设备和学习管理系统，教师可以及时掌握学生的学习情况，为学生提供准确的评价和反馈。在高校英语翻译教学中，教师可以利用智慧课堂的实时反馈和评估功能，及时调整教学策略和方法，帮助学生更好地掌握翻译技巧和知识。

### (三)智慧课堂的优势

1.为学生提供了更广阔的学习空间

传统的教学模式受制于教室的局限，学生只能围绕教师所述的内容进行学习，缺乏自主性和自由度。而在智慧课堂环境下，学生可以通过互联网与世界各地的资源进行互动，获取更加丰富多样的学习资料，培养独立思考能力和解决问题的能力。

2.为教师提供了更多教学工具和资源

在传统的教室环境中，教师通常依靠教材和黑板来进行授课，相对较为单一和受限。而在智慧课堂中，教师可以借助各种教学软件和应用，使课程内容更加生动、直观。比如，教师通过幻灯片、视频和音频等多媒体形式展示教学内容，能够更好地提高学生的学习兴趣和参与度，从而提高教学效果。

3.加强了师生互动和交流

在传统教室中，师生互动主要是单向的，即教师向学生传授知识。而在智慧课堂环境下，学生可以通过在线讨论和群组合作等方式与教师进行更加积极的互动。教师可以及时了解学生的学习情况和困惑，并给予指导和解答，进一步促进教学过程的互动性和个性化。

4.提升学生的学习效果和成绩

通过智慧课堂的多样化教学方式和交互式学习环境，学生可以更加主动地参与学习，提高学习动力和积极性。同时，智慧课堂还可以实时记录学生的学习情况和表现，帮助教师更好地评估学生的学习进度和掌握程度，及时进行有针对性的辅导和反馈。这有助于学生全面提升英语翻译能力，提高学习效果和成绩。

## 二、智慧课堂的构建

### （一）智慧课堂构建的理论依据

1. 信息技术的发展

随着信息技术的飞速发展，教育领域迎来了前所未有的机遇。智慧课堂构建利用先进的信息技术手段，将教学过程与现代科技相结合，为学生提供全方位、个性化的学习体验。

2. 构建以学生为中心的教学模式

传统的课堂教学往往以教师为中心，学生只是被动接受知识。而智慧课堂构建强调学生的主体地位，注重培养学生的创新思维、合作能力和自主学习能力。这种以学生为中心的教学模式能够更好地满足学生的个性化学习需求，促进学生积极参与和全面发展。

3. 教学理念的转变

智慧课堂构建倡导以问题为导向的教学方法，注重培养学生的实际应用能力和解决问题的能力。传统的课堂教学往往偏向于知识的灌输和记忆，忽视了对学生实际运用能力的培养。而智慧课堂构建通过创设情境、启发思维、培养创新能力等方式，使学生真正成为知识的运用者和创新者。

### （二）智慧课堂构建的关键技术

1. 利用物联网技术实现设备互联

智慧课堂采用多种设备和工具，如电子白板、投影仪、学生点击器等，可以实现设备互联和数据共享。通过物联网技术，教师和学生可以在智慧课堂中方便地控制和操作各种设备，实现教学资源的共享和交流。

2.采用虚拟现实技术改善学习体验

虚拟现实技术将学习场景虚拟化，使学生可以身临其境地参与学习。在高校英语翻译教学中，学生可以通过虚拟现实技术模拟不同场景下的翻译任务，提高实践能力和应对能力。同时，虚拟现实技术也可以提供更丰富的教学资源，如文化体验、语言交流等，提高学生的学习兴趣和参与度。

3.利用人工智能技术实现个性化教学

智慧课堂可以通过人工智能技术实现个性化教学，根据学生的学习状况和需求，提供有针对性的教学内容和学习活动。在高校英语翻译教学中，教师可以通过人工智能技术自动评估学生的翻译水平，提供相应的辅导和反馈意见，帮助学生更好地提升翻译能力。

4.利用大数据分析实现教学优化

智慧课堂中产生了大量的教学数据，包括学生的学习表现、学习轨迹等。利用大数据分析技术，可以从这些数据中获得有价值的信息，如学生的学习倾向、困难点等，帮助教师进行教学优化。在高校英语翻译教学中，大数据分析技术可以帮助教师了解学生在不同语言环境下的翻译偏好和难点，并据此提供相应的指导和支持。

### (三)智慧课堂构建的实施步骤

1.确定目标和需求

在构建智慧课堂之前，需要明确目标和需求。充分考虑高校英语翻译教学的特点和要求，同时结合智慧技术的发展趋势和应用前景，确定智慧课堂构建的目标，明确所需的功能和特点。

2.设计平台和系统架构

根据确定的目标和需求，设计智慧课堂的平台和系统架构。该系统应包括学生端、教师端和管理端，通过这些端口实现学生与教师之间的信息传输和互动。平台和系统的设计要充分考虑用户体验和功能的合理性，确保系统的稳定性和易用性。

3.选择合适的技术和工具

在智慧课堂构建的实施过程中，需要选择合适的技术和工具来支持教学活动。例如，可以采用多媒体教材、虚拟实验室、在线测验等技术和工具，提供多样化的学习资源和互动方式，提高学生的学习兴趣和参与度。

4.进行系统部署和测试

完成平台和系统设计后，需要进行系统部署和测试，确保系统能够正常运行并满足教学需求。在部署过程中，需要搭建相应的硬件和软件环境，配置网络和服务器等设备。在测试过程中，需要检查系统的各项功能是否正常，能否满足教学要求。

5.进行系统维护和优化

在智慧课堂构建后，需要进行系统维护和优化工作，确保系统正常运行和持续改进。维护工作主要包括故障排除、数据备份和安全保障等。优化工作则是不断对系统进行改进和升级，以适应教学变化和需求更新。

## 三、智慧课堂在高校英语翻译教学中的应用

### (一)智慧课堂对英语翻译教学的影响

智慧课堂提供了实时互动平台，使学生在课堂上能够更加积极参与教学活动。通过使用各类教学软件和互动设备，教师和学生可以实时进行问答、讨论和评价，从而促进学生对知识的深入理解和灵活应用。

智慧课堂提供了多媒体资源和学习工具，丰富了英语翻译教学的内容和形式。教师可以通过投影仪、电子白板等设备，展示英语翻译的多样化实例和案例，从而增强学生的学习兴趣和理解能力。学生也可以利用电子词典、在线词库等学习工具，提高翻译的准确性和效率。

智慧课堂为英语翻译教学提供了远程学习的可能性。学生可以通过网络平台参与远程翻译实践、与其他学生进行交流和合作，拓宽学习范围和互动机会。这种远程学习模式不仅提高学生的综合素质，还培养学生的跨文化交际能力和团队合作意识。

智慧课堂对英语翻译教学的积极影响是多方面的，但同时也带来了一些挑战。例如，教师需要不断更新自己的教学理念和教育技能，适应智慧课堂的需求；学生需要适应智慧课堂的学习方式，提高信息获取和处理的能力。此外，智慧课堂的设备和软件的维护和更新也需要投入相应的资源和精力。

## (二)智慧课堂在英语翻译教学中的具体应用

### 1.提供了丰富多样的教学资源

教师可以通过智慧课堂平台分享各种综合材料、案例分析和文献资源，使学生们在课堂上获取到更多实际的翻译实例。这种全面呈现翻译领域的实际案例不仅能够激发学生的学习兴趣，同时也能够使他们更好地理解翻译的实际应用及其相关技巧。

### 2.提供了多种互动交流的方式

通过智慧课堂平台，学生可以与教师、同学进行实时互动和信息分享。教师可以设置在线讨论或团队合作项目，让学生们就某一特定的翻译问题进行集体思考和讨论。这种互动交流的环境可以促进学生理解和思考，培养他们的团队合作和沟通能力。

### 3.提供了个性化的学习支持

智慧课堂平台可以根据学生的学习情况和需求，自动识别并推送相应的学习资源和学习路径。这意味着学生可以根据自身的学习进度和能力水平，在智慧课堂环境中进行个性化的学习和实践。这种个性化的学习支持有助于激发学生的学习动力，提高他们的学习效果。

### 4.提供了实时反馈和评估机制

通过智慧课堂平台，教师可以迅速获取学生们的学习进展和表现。教师可以根据学生的表现，及时调整教学策略和内容，以便更好地满足学生们的学习需求。此外，智慧课堂还可以为学生们提供自主学习和自我评估的机会，帮助他们全面了解自己的学习情况，并及时进行调整和改进。

## (三)智慧课堂对于提高英语翻译教学质量的作用

智慧课堂通过提供多样化的学习资源，使学生能够获得更广泛、更丰富的信息。在传统教学模式中,学生往往依赖于教师课堂上的知识传授。而在智慧课堂中,学生可以通过网络平台、教学软件等,自主获取大量的背景资料、专业词汇和翻译实例,从而拓宽知识广度,提升学习深度。通过广泛接触不同领域的文本和资料,学生能够更好地理解和应用所学的英语翻译知识。

智慧课堂的互动性和个性化教学特点,为学生提供了更为灵活和个性化的学习环境。在传统的课堂教学中,教师往往面对一大批学生,难以满足每个学生的个性化需求。而智慧课堂中的互动功能,可以让学生根据自身的学习进度和兴趣选择合适的教学内容。学生可以根据自身的学习风格和能力进行学习调整,同时也可以通过与教师和同学的互动,分享学习心得和解决问题。这样的个性化教学模式能够激发学生的学习动力,提高他们的学习效果。

智慧课堂在提供语言学习环境上具有独特的优势。智慧课堂通过各种互联网技术,可以收到跨时空的学习效果。学生不仅可以通过网络平台学习课堂内容,还可以通过在线语言学习工具进行英语翻译实践。智慧课堂为学生提供了大量的真实语言环境,学生可以与海外学生或者外国教师进行线上交流,从而提升自己的语言表达能力和翻译技巧。这种全球化的学习环境能够拓展学生的眼界,培养其跨文化交际能力,提高其英语翻译的实际应用能力。

## 四、智慧课堂环境下的高校英语翻译教学策略

### (一)智慧课堂环境下教学策略的理论基础

#### 1.个性化教学

个性化教学理论认为学习者在个体差异方面存在差异性,因此教学策略应该能够充分考虑学习者的不同需求和能力水平。在智慧课堂环境下,利用学习者的学习数据和智能辅助系统,可以实现对学习者进行精确的学习分析和评估,从而为个性化教学提供可靠的依据。

#### 2.协作学习

智慧课堂环境下,学习者可以通过在线讨论、群组活动、共享笔记等方式进行协作学习。协作学习能够促进学生之间的交流和合作,拓展学生的思维,培养学生的合作能力和团队精神。在英语翻译教学中,通过协作学习,学生可以共同参

与实际翻译项目，互相分享经验和技巧，从而提高翻译质量和效率。

3. 启发式教学

启发式教学以启发性问题为核心，通过引导学生进行自主思考和自主学习，培养学生的创新思维和解决问题的能力。在智慧课堂环境下，通过智能辅助系统提供的丰富资源和在线学习工具，教师可以设计启发式问题，激发学生的学习兴趣和主动性。在英语翻译教学中，启发式教学可以帮助学生更好地理解翻译问题的本质，培养学生的思维灵活性和创新意识。

4. 评价反馈

评价反馈可以帮助教师了解学生的学习情况和问题以及教学策略的有效性。智慧课堂环境下，通过智能辅助系统提供的即时反馈和个性化评价，教师可以及时了解学生的学习状态和进展，有针对性地调整教学计划和策略。在英语翻译教学中，评价反馈可以帮助学生识别自己的学习困难和不足之处，从而及时进行补充和改进。

### （二）智慧课堂环境下的英语翻译教学策略

1. 基于信息技术的实践活动

智慧课堂提供了许多基于信息技术的工具和资源，如在线词典、翻译软件等。教师可以引导学生利用这些工具进行实践活动，如对短文进行翻译训练、参与在线翻译竞赛等。这样能够激发学生的学习兴趣，提高他们的翻译能力。

2. 激发学生合作学习

智慧课堂环境下，学生可以利用互联网和电子设备进行协作学习。教师可以组织学生进行小组讨论，共同研究和解决翻译问题。这种合作学习能够提高学生的团队合作能力和解决问题的能力，同时可以加深学生对英语翻译的理解。

3. 引导学生进行自主学习

智慧课堂环境下，教师可以通过在线教学平台提供学习资源和学习任务，让学生根据自己的兴趣和需求进行学习。教师可以设置学习目标和评价标准，引导学生进行自主学习。这样能够增强学生的学习动力和自主学习能力。

4.注重语言实践和文化融合

在智慧课堂环境下，翻译教学不仅是对语言的转换，还需要注重语言的实际应用和文化融合。教师可以通过案例分析、讨论和演练等方式，让学生了解不同语言和文化背景下的表达方式和习惯，培养他们的跨文化交际能力和文化意识。

# 第二节　基于移动课堂的高校英语翻译教学实践

## 一、移动课堂的特点

### （一）时间和空间的灵活性

在传统的课堂教学中，学生们必须按照规定的时间和地点去上课，而移动课堂则打破了这种限制，为学生提供了更加灵活的学习环境。

移动课堂允许学生自由选择学习时间。学生可以根据自己的实际情况，合理安排学习时间，避免受到固定课程表的束缚。这对于那些有兼职、实习或其他安排的学生来说尤为重要。

移动课堂给予了学生学习空间上的灵活性。传统的课堂教学需要学生亲自到校园上课，而移动课堂则打破了这种地理限制。只要有网络连接，学生就可以在任何地方进行学习。这为那些需要经常出差或者在家照顾家庭的学生提供了更好的学习机会。

通过移动课堂，学生可以更好地利用碎片化的时间来进行学习。例如，他们可以在公交车上、在地铁站候车时，利用手机进行在线学习。这种个性化的学习方式非常适合那些在一天内有多个零散时间段的学生。同时，移动课堂还提供了在线学习资料和资源，学生可以根据自己的需求，随时随地获取所需的学习资源。

在移动课堂环境下，学生还可以根据自己的实际情况，自主选择学习的内容和方式。丰富的课程资源和灵活的个性化选择，使每个学生都能够根据自己的兴趣和学习需求进行学习。这种个性化学习的实现，不仅能够提高学生的学习积极性和自主性，还能够提高其学习效果和学习成果的质量。

### (二)信息获取的便利性

在移动课堂环境下,学生可以通过各种移动设备,随时随地获取教育资源和学习资料,这就极大地提高了信息获取的便利性。学生可以通过网络轻松访问各类教育平台和学习网站,从而获取到与英语翻译教学相关的各种教材、文献和学术资源。例如,可以登录学校的在线图书馆系统,直接下载所需的英语翻译教材或者查阅专业期刊和学术论文。这样一来,学生无论身处何地都能够快速地获取所需的学习素材,极大地提升了学习的效率和便利性。

移动课堂为学生提供了多种多样的学习工具和学术资源,如各类学习软件、在线词典和翻译工具等。通过这些工具,学生可以随时查询单词、短语和句子的含义、用法和翻译等相关信息,从而更好地理解和掌握英语翻译中的各种技巧和要点。

移动设备上的学习工具往往具有智能化和个性化的特点,它们可以根据学生的学习进度和问题定制出相应的学习方案和策略,提供个性化的学习支持和指导。这种个性化学习的实现有效地提高了学生的学习效果和学习兴趣,使学习变得更加灵活和有趣。

### (三)个性化学习的实现

个性化学习是移动课堂的一个显著特点,它为学生提供了更加灵活和个性化的学习方式。在传统的课堂教学中,学生们通常被迫按照相同的节奏和方式学习,而在移动课堂环境下,学生可以根据自己的兴趣、能力和学习进度来安排学习内容和学习时间。

在个性化学习的实现中,学生可以选择适合自己的学习资源和教材。移动课堂提供了一个广泛的学习资源库,学生可以根据自己的需求选择学习资料。例如,学生可以根据自己的喜好选择学习视频、教材、电子书或者其他学习材料。这样一来,学生就可以更好地满足自己的学习需求,提高学习效果。

在个性化学习中,学生还可以根据自己的学习进度自主安排学习节奏。移动课堂充分利用了技术手段,提供了学习进度自动跟踪和监控功能。学生可以根据自己的学习情况,随时调整学习进度。例如,对于一些学习速度慢的学生来说,他们需要更多的时间来理解和消化知识,他们可以根据自己的情况,适当延长学习时间,以便更好地掌握知识点;对于一些学习速度较快的学生来说,他们可以更快地完成学习任务，然后进一步拓展学习内容。

在个性化学习中，学生还可以选择适合自己的学习方式和学习工具。移动课堂提供了多样化的学习工具和学习平台，学生可以根据自己的学习习惯和学习风格，选择合适的学习工具和平台来进行学习。例如，有些学生可能更喜欢通过视频教学来学习，而另一些学生则更喜欢通过音频教学或者文字学习资料来学习。在移动课堂中，学生可以根据自己的喜好和需要，选择适合自己的学习方式。

## 二、移动课堂构建

### (一)移动设备的选择和配置

为了在移动课堂环境下实施有效的英语翻译教学，选择和配置适当的移动设备是至关重要的。移动设备的选择应以学生的使用习惯、教师的教学需求和学校的技术支持能力为出发点。

1.学生的使用习惯

在高校英语翻译教学中，学生经常需要进行文字输入、多媒体演示、在线查找资料等操作。因此，移动设备应具备良好的触控屏幕和键盘输入功能，以满足学生在教学过程中的各种需求。

2.教师的教学需求

教师在移动课堂环境下需要能够快速制作和发布教学内容，与学生进行实时互动，进行教学管理和评估等操作。因此，移动设备应具备方便快捷的操作界面和强大的教学工具支持，以满足教师在教学过程中的各种需求。

3.学校的技术支持能力

学校应提供稳定的网络环境、可靠的设备支持和相应的技术培训，以确保移动课堂的正常运行。此外，学校还应积极与厂商合作，选择具备可扩展性和兼容性的移动设备，以便将来根据需求进行升级和拓展。

### (二)教学内容的制作与发布

教学内容的制作与发布是移动课堂构建成功的关键一步。为了有效地进行高校英语翻译教学，教师需要结合移动设备的特点制作课程内容，并灵活地进行发布。

教师应当充分了解移动设备的特点，并根据学生的需求来选择合适的内容形式。移动设备一般具有较小的屏幕和有限的存储空间，因此教师应当尽可能地简洁明了地表达教学内容，避免冗长且复杂的文本。教师还可以采用图像、音频、视频等多媒体形式来提高学生的学习兴趣和参与度，提升教学效果。

教师应当根据不同的学习目标，制定具体的教学内容。针对不同的翻译技巧和知识点，教师可以设计一系列的小任务或案例，让学生通过实践来掌握和巩固所学内容。教师还可以结合互动式教学软件或平台，为学生提供与学习内容相关的在线练习和评估，帮助学生更好地理解和应用所学知识。

在发布教学内容时，教师应当考虑到学生的学习习惯和使用习惯。移动设备具有便携性和随时随地的特点，因此教师可以选择在学生常用的社交媒体平台或教育平台上发布教学内容，提供多种渠道供学生获取。同时，教师还可以通过设置学习提醒或定期发布更新内容，激发学生的学习兴趣和主动性。

在制作和发布教学内容的过程中，教师还应当关注学生的反馈和评价。通过学生反馈，教师可以了解到学生在学习过程中遇到的问题和困惑，及时调整和改进教学内容。同时，教师还可以通过在线讨论、小组合作等方式，促进师生互动和学生间的合作学习。

### （三）教学管理与反馈机制

在移动课堂环境下，教学管理和反馈机制的设计和实施是确保教学有效性的关键。移动课堂具有一定的灵活性和自主性，因此需要相应的管理措施来确保学生参与和学习质量。

#### 1.制定明确的学习目标和评估标准

在移动课堂中，学生可以根据自己的进度和能力来学习，因此教师需要确保学生明确知道在学习过程中需要达成哪些目标，并且设定相应的评估标准。这样，学生可以根据这些目标和标准来进行自我评估，同时教师也可以通过评估反馈来了解学生的学习情况。

#### 2.关注学生的学习进展和策略引导

移动课堂中，教师可以通过监控学生的学习进展情况，及时发现学生可能遇到的困难并进行适当的指导。教师可以利用移动设备和在线平台来收集学生的学习数据，从而对学生的学习情况及时做出分析和评估。通过对学习数据的分析，教师可以发现学生的学习习惯和偏好，进而给予相应的学习策略和引导，提高学生的学习效果。

3.建立反馈机制

在移动课堂中，教师和学生之间的交流和反馈需要更加及时和灵活。教师可以通过在线平台或者即时通信工具与学生进行交流和互动，及时解答学生的问题和疑惑。同时，教师还可以通过在线测验、作业评审等方式来对学生的学习情况进行评估和反馈。这样，学生可以及时得到教师的指导和反馈，并及时调整学习策略，从而提高学习效果。

## 三、移动课堂在高校英语翻译教学中的应用

### （一）提升学生的学习兴趣

为了提高高校英语翻译教学的效果，移动课堂作为一种新兴的教学模式被广泛应用。移动课堂为学生提供了多样化的学习方式，通过融入多媒体、互动性强的教学资源，为学生创造了更加活跃、有趣的学习环境，从而培养学生的学习兴趣。

移动课堂通过应用多媒体资源，为学生呈现了丰富多样的教学内容。通过音频、视频等多媒体形式，学生可以直观地感受到外英语翻译的真实场景，提高了学习的趣味性和参与度。比如，在英语翻译教学中，教师可以播放一段英语电影片段，让学生观察和理解电影中的对话，并进行翻译练习。这样的学习方式既丰富了学习内容，又激发了学生的学习兴趣。

移动课堂提供了互动性强的学习资源，激发了学生的学习动力。教师通过在移动设备上设置一些与学习相关的互动游戏或问答，主动参与到英语翻译学习中。例如，教师可以设计一场英语翻译竞赛，让学生通过移动设备在规定时间内完成一系列翻译题目，并与其他同学进行比拼。这种学习方式不仅提高了学生的学习效率，还激发了学生的学习兴趣，增强了他们的学习动力。

移动课堂还提供了丰富的在线学习资源，拓宽了学生的学习渠道。通过移动设备，学生可以随时随地访问各类英语翻译教学资源，如在线课程、翻译工具、学

术论文等。这样一来，学生不再局限于传统的教材和课堂教学，他们可以根据自己的兴趣和需求自主选择学习资源，提高了学习的灵活性和自主性。

### （二）提高学生的学习效率

在移动课堂环境下，为了提高学生的学习效率，可以采取以下策略。

利用移动设备的便携性和灵活性，可以随时随地进行学习。学生不再受限于传统的教室，可以根据自己的时间和地点安排，随时进行学习。这种自由度的提高使得学生更加主动参与到学习中，从而提高学习效率。

利用移动设备的多媒体功能，可以丰富学习资源和教学内容。学生可以通过观看视频、听录音、阅读电子书等多种形式来学习英语翻译。移动设备也可以提供与学习内容相关的练习题目和学习辅助工具，帮助学生更好地掌握知识和技能。通过丰富多样的学习资源，学生可以更加主动地学习，提高学习效率。

利用移动设备的联网功能，学生可以与老师和同学进行即时交流，可以与同学进行合作学习。通过学习平台和社交媒体等工具，学生可以与教师进行在线讨论，得到教师的解答，及时获得反馈和指导。此外，学生还可以与同学们分享学习经验和资源，相互学习和相互进步。这种协作学习方式不仅提高了学习效率，还培养了学生的团队合作能力和沟通能力。

移动课堂还可以通过数据分析和个性化学习，提供个性化的学习支持。通过对学生学习行为和学习数据的分析，教师可以了解每个学生的学习情况和需求，从而为其提供有针对性的学习资源和学习计划。这样，学生可以更加有针对性地进行学习，提高学习效率。

### （三）丰富学生的学习资源

在移动课堂环境下，学生能够通过多种渠道和途径获取丰富的学习资源。通过移动设备和互联网，学生可以获得各种学习资料和教学资源。例如，可以浏览在线图书馆、学术期刊和各类学习网站，随时随地获取到所需的知识和资料。这样，学生不再局限于传统教材和课堂内容，而是能够从更广泛的信息来源中汲取知识，提高学习的广度和深度。

移动课堂为学生提供了丰富的学习工具和应用程序。通过移动学习应用程序，学生可以使用各种学习工具，如语音识别、翻译工具、单词记忆软件等，提升学习效率和学习成果。同时，移动设备还支持多种学习方式和活动，如在线讨论、虚拟实验和模拟操作等,使学生能够更加灵活地进行实践和探索。

移动课堂为学生提供了与各种资源和机构进行互动的机会。通过在线社交平台和学习社区,学生不仅可以与老师和同学进行交流和分享,还能够与专家学者、行业人士等进行互动和合作。这种互动和合作的机会不仅能够帮助学生丰富学习资源,还能够培养学生的合作能力和创新思维。

### (四)促进学生自主学习

合理的教学设计和技术支持,可以激发学生的学习兴趣,增强学生学习的主动性和自觉性,从而提升学生的自主学习能力。

借助移动设备和互联网资源,学生可以自主选择学习的时间和地点。移动课堂给予学生更大的灵活性,他们可以在课堂之外自由安排学习,从而更好地适应自己的学习节奏和习惯。同时,通过丰富多样的学习资料和在线学习平台,学生在学习过程中可以根据自身需求和兴趣选择适合自己的学习内容,培养主动学习能力。

移动课堂为学生提供了各种学习工具和学习资源,帮助他们主动探索和独立学习。学生可以利用移动设备上的词典、翻译工具和学习软件,更便捷地获取课外学习所需的信息和知识。此外,学生可以通过在线学习社区和合作平台与其他学生互动、交流,共同解决学习问题,提升自己的学习水平。这种互动合作的学习方式不仅可以促进学生自主学习,还可以培养他们的团队合作能力和解决问题的能力。

借助移动课堂环境下的教学策略和评价机制,学生可以参与到整个学习过程中,从而实现更加深入和有效的自主学习。教师可以通过设计开放型问题、案例分析、小组讨论等形式进行教学,培养学生的思考和探索能力。同时,通过实时在线互动和评价系统,教师可以及时了解学生的学习情况和问题,并提供即时反馈和指导,帮助学生更好地自主学习和实现自我提升。

## 四、移动课堂环境下的高校英语翻译教学策略

### (一)创设情境,激发学习兴趣

在移动课堂中,教师可以通过丰富多样的教学资源和技术手段来创设真实或虚拟的情境,激发学生的学习兴趣并提高他们的学习动力。

创设情境的方法可以是多种多样的。常见的方法是引入真实生活中的案例或场景，让学生在虚拟环境中进行翻译实践。例如，教师可以准备一些真实的英文文本，如新闻报道、商务资讯等，要求学生将其翻译成中文，并在课堂上进行讨论和分享。这样的情境创设可以让学生更好地理解和运用英语翻译知识，并将其应用到实际场景中。

利用虚拟技术创设情境。在移动课堂中，教师可以利用教育软件、在线资源平台等工具，为学生提供丰富的虚拟情境。例如，教师可以设计一个虚拟商务会议的情境，让学生扮演不同角色，进行翻译和交流。这样的情境创设可以提高学生的参与度，增加学生的实践机会，培养他们的团队合作能力和应对能力。

创设情境时还可以结合音频、视频等多媒体资源，使学生能够更直观地感受到真实语境中的语言使用和翻译问题。例如，教师可以选取一段英文视频，让学生观看并进行口译实践，以提高学生的听觉翻译和口语表达能力。

### （二）精心设计任务，提高学习效果

在移动课堂环境下，为了提高高校英语翻译教学的效果，教师需要精心设计任务，以激发学生的学习兴趣和提升他们的学习效果。以下是几个值得注意的教学策略。

确保设计的任务与学生的学习需求和实际应用相匹配。任务应该具有明确的目标和意义，让学生能够理解任务的重要性以及与他们日常生活或职业发展的关联。例如，在翻译教学中，可以设计与实际案例相关的任务，让学生通过翻译一篇新闻报道或一份商务文件来应用所学知识，从而增加学生的学习动力和兴趣。

提供足够的学习资源和支持材料，使学生能够顺利完成任务。这包括提供参考资料、语料库、在线词典等以及指导学生如何使用这些资源来解决问题和改进翻译质量。此外，还可以鼓励学生互相合作，组成小组完成任务，通过讨论和合作来互相促进和帮助。

为了提高学生的学习效果，教师可以设计一系列小任务，逐步提高任务的难度和复杂度。这种渐进式的任务设计可以帮助学生逐步提升他们的翻译能力和技能，防止他们感到过度挑战或过于轻松。逐步增加任务的难度，可以让学生在学习过程中保持积极的学习动力，同时又不会让其感到过于有压力。

完成任务后，充分利用反馈机制，及时给予学生评价和反馈。教师可以通过口头或书面反馈，让学生了解自己的翻译质量、存在的问题和改进的方向。同时，教师还可以鼓励学生相互评价和反馈，通过互相交流和讨论来改进学生的翻译技巧。

### (三)利用反馈,调整教学策略

在移动课堂环境下,利用及时反馈的教学策略对于提高学生的学习效果至关重要。通过与学生建立良好的反馈机制,教师可以了解学生对教学内容的理解情况,从而有针对性地调整和改进教学策略。

1.收集学生的反馈信息

在移动课堂中,教师可以利用在线作业、课堂测验等方式促使学生进行主动学习,然后提供反馈机制,及时给予学生正确的答案、评价和建议。例如,在学生完成一个翻译任务之后,教师可以要求学生提交他们的翻译作品,然后对作品进行批改和评分,并给予详细的反馈意见。通过这种方式,学生可以及时了解自己的翻译水平和存在的不足之处,以便进行改进和提升。

在移动课堂环境下,教师可以通过观察学生在课堂上的表现和互动,了解学生对教学内容和任务的理解情况。同时,教师还可以通过个别指导和面对面交流的方式,与学生进行深入的讨论和反馈。通过这种方式,教师可以全面了解学生的学习状况,并据此调整和改进教学策略,以更好地满足学生的学习需求。

2.实施反馈策略

在移动课堂环境下,教师可以通过小组讨论、在线讨论板、即时通信工具等促进学生之间的交流和合作。教师可以指导学生互相评价和批评彼此的表现,从而让学生获得多方面的反馈意见。通过这种方式,学生可以从不同的角度和观点审视自己的表现,从而更好地吸收和处理反馈信息,并相应地调整和改进自己的翻译策略。

# 第三节　生态视角下的高校英语翻译教学实践

## 一、生态视角下的翻译理论

### (一)翻译生态学的由来

翻译生态学是一门新兴的研究领域,其由来可以追溯到 20 世纪 80 年代。当时，在环境保护和可持续发展的背景下，学者们开始思考翻译活动与环境之间的密切关系。于是，翻译生态学的概念应运而生。翻译生态学被引入翻译研究领域，旨在通过生态视角来重新审视翻译的本质、过程和影响。

翻译生态学离不开生态学的启示。生态学作为一门研究生物与环境相互关系的学科，强调了生物与环境之间的复杂互动关系。类比于生态学的思维模式，翻译生态学认为翻译也是一种生态系统，翻译活动在语言、文化和社会等多个维度上与环境相互作用。这一观点使得翻译活动不再被孤立地看待，而是考虑了其在更广泛社会和文化背景下的影响。

翻译生态学还受到思维转变的影响。在传统翻译观念中，翻译被看作一种“转码”活动，强调对源语言和目标语言之间的转换和替换。而生态视角下的翻译理论则更加关注翻译对环境的适应和影响。它呼吁重新审视翻译的目标和价值，将翻译与社会、文化、环境等因素进行有机结合。

### （二）翻译生态学的基本理论

翻译生态学的出现与语言学中生态学研究的发展密切相关，从生态学的角度来看，语言是一种生态系统，翻译则是这个生态系统的一个重要组成部分。翻译涉及多个环境因素，包括译者、源语言和目标语言以及他们之间的相互作用。翻译生态学通过对这些环境因素的研究以及它们之间的关系和影响，旨在揭示翻译活动在特定环境中的运作机制。

翻译生态学受到系统论和复杂性理论的启发。系统论认为，翻译是一个复杂的系统，其中存在多个元素的相互作用和反馈机制。翻译生态学通过对系统的研究，探讨了翻译活动中的各种关系和因果关联。它超越了传统的线性思维模式，将翻译看作一个动态的、非线性的过程，强调了翻译活动中的相互影响和相互适应。

翻译生态学还借鉴了社会学和人类学的研究方法，它将翻译活动置于特定的社会和文化背景中，关注翻译活动与社会文化因素的交互作用。翻译生态学强调了翻译与社会、文化、政治、经济等的关系，探讨了翻译在社会发展和文化传播中的作用和影响。

### （三）翻译生态学在现代语言学中的应用

在翻译生态学的视角下，翻译不再被看作单纯的语言转换过程，而是与其所处环境密切相关的一种活动。这种关注环境的视角能够更好地理解和解释翻译活动的复杂性和多样性，也为高校英语翻译教学提供了新的思路和方法。

1. 强调翻译活动的生态环境

翻译并不是孤立存在的，而是受到多种因素的影响，包括社会、文化、历史等因素。在高校英语翻译教学中，教师可以引导学生从生态角度思考翻译问题，让学生深入了解翻译所处的社会背景和语言环境，从而更好地理解源语言和目标语言之间的关系。

2. 注重翻译活动的信息传递

翻译不仅仅是将一种语言转换为另一种语言，更重要的是传递信息和意义。在高校英语翻译教学中，教师可以借助翻译生态学的观点，培养学生注重信息的传达和表达能力。学生需要理解不同语言和文化背景下的表达方式，并且能够有效地传递信息，确保翻译结果的准确性和可理解性。

3. 关注翻译活动的可持续性

在传统翻译理论中，我们常常忽视了翻译的可持续性和长期影响。而翻译生态学强调了翻译活动的环境效应和持久性。在高校英语翻译教学中，教师可以引导学生思考翻译对环境的影响，并培养学生具有环境意识和社会责任感的翻译能力，以促进翻译活动可持续发展。

## 二、生态视角下的高校英语翻译教学目标

### （一）提高翻译质量

在生态视角下，提高翻译质量有利于学生对源语言和目标语言的深入理解。通过学习源语言背后的文化和背景知识，学生能够更好地理解源语言的意义和表达方式，从而在翻译过程中更加准确地传达源语言的意思。注重语言学习和文化学习的结合，在翻译质量上取得突破。

为了提高翻译质量，需要培养学生的翻译技巧和策略。学生需要掌握一系列的翻译技巧，包括词汇选择、句法结构调整和语体变换等，以确保翻译的准确性和流利性。教师可以引导学生进行大量的翻译实践和训练，帮助他们熟练掌握各种翻译技巧和策略，并在实践中不断提高翻译质量。

在生态视角下，教学目标是培养学生的翻译创新能力，推动翻译活动可持续发展。学生不仅需要掌握各种翻译技巧和策略，还需要具备灵活运用这些技巧和策略的能力，以面对不同领域、不同类型的翻译任务。通过培养学生的创新意识和思维能力，鼓励他们提出新的翻译方法和理论，以推动翻译活动的不断发展和创新。

### (二)培养翻译才能

翻译才能是指学生在语言、文化、跨文化交际等领域具备翻译思维和技能，能够灵活运用翻译策略和方法进行有效的跨文化沟通和交流。

1.提升学生的语言能力

一个出色的译者必须精通源语言和目标语言，具有流利的口语和优秀的写作能力。因此，翻译教学应该聚焦于学生对语法、词汇、语音等语言要素的掌握，同时帮助学生培养跨文化交际的敏感性和适应性。

2.强调文化素质的培养

翻译不仅是语言的转换，更是文化的交融和解读。因此，翻译教学应该注重学生对源语言文化和目标语言文化的理解和体验，帮助学生掌握文化差异和文化转换的技巧，培养其跨文化沟通的能力。

3.提升学生对翻译策略和方法的运用能力

翻译是一项复杂的任务，学生需要学会选择合适的翻译策略和方法来解决实际问题。翻译教学应该引导学生通过良好的阅读、写作和实践训练，掌握不同类型文本的翻译技巧和策略，提高学生的翻译质量和效率。

### (三)塑造翻译思维

塑造翻译思维，可以激发学生的翻译潜能，提高翻译的创造性和灵活性。在生态视角下的高校英语翻译教学中，塑造翻译思维主要包括以下四个方面。

1.培养学生的跨文化思维

翻译是跨文化交流的重要工具，培养学生的跨文化思维能力是培养学生高水平翻译能力的关键。培养学生的跨文化思维，可以引导学生了解不同语言和文化的思维方式和表达习惯，有利于学生在翻译过程中能够准确理解和传达源语言和目标语言的文化内涵，真正实现意义的准确传递。

2.促进学生的创新思维

翻译既是一项技术活，又融入了艺术成分。生态视角下的高校英语翻译教学中，塑造翻译思维的教学目标应当注重培养学生的创新思维。教师通过引导学生多角度思考和灵活运用翻译策略，激发学生的创造性思维，使他们能够在翻译过程中产生独特而富有创意的解决方案，提高翻译的质量和效率。

3.培养学生解决问题的思维

翻译过程中，常常会遇到各种问题和困难，这要求译者具备良好的解决问题能力。生态视角下的高校英语翻译教学中，塑造翻译思维的教学目标应当注重培养学生解决问题的思维。教师通过引导学生分析和解决翻译过程中遇到的问题，培养学生的逻辑思维和判断能力，使他们能够独立思考和解决实际翻译中遇到的各种难题。

4.提升学生的自我反思能力

自我反思是翻译能力提升的关键环节，而塑造翻译思维的教学目标应当鼓励学生培养良好的自我反思习惯。教师可以引导学生在翻译过程中认识自身存在的问题和不足，并寻找改进的方法和途径。通过不断的自我反思和反馈，学生能够意识到自己的翻译思维模式和习惯，并不断改善和提升自身的翻译能力。

## 三、生态视角下的高校英语翻译教学内容

### (一)基础知识

翻译不仅仅是简单地将一种语言转译成另一种语言，更要考虑到文化差异、语用特点以及目标语言读者的需求。因此，基础知识的教学将重点介绍这些理论方面的基本知识。

在生态视角下，学生需要学习各种翻译方法和技巧。在实际的翻译实践中，不同的文本类型和语境要求采用不同的翻译策略。比如，对于专业领域的文本翻

译，学生需要掌握专业词汇的翻译方法和术语的使用；对于文学作品的翻译，则需要注重语言的美感和文化的体现。因此，基础知识还包括各种翻译方法的介绍和实践。

除了理论知识和翻译方法，基础知识还应该包括语言学知识和文化背景知识。语言学知识对于译者来说至关重要，学生需要了解语言的音、形、义、用等方面的知识，以便在翻译过程中更好地理解和传达原文的意思。此外，文化背景知识也是基础知识的重要内容，学生需要了解原文所处的社会、历史和文化背景，以便在翻译过程中正确地传达原文的意义和信息。

### （二）专业技能

专业技能教学需要根据学生的翻译需求和目标进行细致的设计和规划。以下是针对专业技能教学的一些具体措施和方法。

#### 1.注重培养学生的翻译实践能力

培养学生的实践能力不仅仅是进行翻译练习，更应该将实践融入教学的每个环节。通过课堂上的实际案例分析和实践操作，学生可以更好地理解和应用所学的专业知识和技巧。例如，可以设计一些翻译训练任务，要求学生选择合适的翻译策略和技巧，准确传达源语言的意思，同时保持译文的流畅性和准确性。

#### 2.注重培养学生的语言运用能力

翻译作为语言活动的一种形式，需要学生具备扎实的语言基础和流利的语言表达能力。因此，教学内容中应当包括对学生语言表达能力的训练和提升。教师可以创设情境，进行口头和书面的翻译练习，鼓励学生运用英语进行交流和表达。教师还可以引导学生运用专业术语和语言规范来进行翻译，从而培养他们的翻译技能和专业素养。

#### 3.注重培养学生的翻译思维能力

翻译思维是指在翻译过程中运用逻辑思维和推理能力，分析和解决翻译中的问题。为了培养学生的翻译思维能力，教师可以设计一些翻译问题和挑战，要求学生进行思考和分析，找出最合理的翻译解决方法。教师还可以引导学生进行翻译讨论和互动，促进学生之间的交流和思维碰撞，从而培养学生的创造力和解决问题的能力。

4.注重培养学生的翻译素养

翻译不仅仅是一种技术活动，更是一门学问和艺术。培养学生的翻译素养需要注重培养学生的人文关怀和人文素养。教学内容中可以加入一些文化背景的介绍和讨论，让学生了解和体验到不同文化之间的差异，从而提高他们的跨文化沟通和理解能力。同时，教学中还可以鼓励学生主动阅读和研究相关领域的翻译理论和实践，不断提升他们的专业素养和专业能力。

## (三)翻译实践

1.翻译实践的概念和重要性

通过实践，学生可以将所学的翻译理论进行应用，并在实际的翻译任务中提高自己的翻译能力和技巧。实践使学生能够面对真实的翻译问题和挑战，培养他们的解决问题的能力，同时也提高他们对翻译任务的理解和熟悉程度。因此，翻译实践在高校英语翻译教学中有着重要的地位和意义。

2.翻译实践的形式和内容

翻译实践的形式包括个人翻译、小组翻译和团体翻译。个人翻译可以让学生独立地进行翻译实践，培养他们的自主学习能力和独立思考能力。小组翻译可以让学生相互合作，共同解决翻译中遇到的问题，培养他们的团队合作精神和沟通能力。团体翻译可以模拟真实的翻译工作环境，让学生了解团队协作的重要性和挑战。

翻译实践的内容应当与学生所学的基础知识和专业技能相结合。例如，学生可以通过实际翻译案例，应用所学的词汇、语法和语言表达技巧进行翻译。他们还可以通过翻译实践，提高对不同领域的专业术语和背景知识的理解和运用能力。此外，翻译实践还应当涉及与翻译相关的技术工具的使用，如计算机辅助翻译工具和翻译记忆库等。

3.翻译实践的评估与反馈

翻译实践的评估应当注重学生的实际翻译能力和表现。评估方法可以包括翻译作品质量评估、翻译过程评估和口头表达评估等。通过评估，教师可以了解学生在翻译实践中的优势和不足，及时给予恰当的反馈和指导，帮助他们更好地提升自身的翻译能力。

### (四)翻译文化

翻译文化教学主要包括跨文化交际能力的培养、文化背景的理解、文化因素在翻译中的运用等方面。

翻译文化教学旨在培养学生的跨文化交际能力。翻译不仅仅是语言文字的转换,更是文化的传递。在翻译过程中,学生要能够理解源语言文化和目标语言文化的异同,进而在翻译中准确传达目标语言的文化内涵。为此,教师可以通过课堂上的跨文化交际案例分析、文化差异讨论以及实地考察等方式,培养学生的跨文化交际能力。

翻译文化教学要注重学生对文化背景的理解。翻译作为一个与文化紧密相连的过程,必然需要学生对源语言文化和目标语言文化的背景有所了解。在教学中,教师可以选取一些典型的文化案例或者文献资料,让学生对不同文化的历史、习俗、价值观等进行深入研究和了解。通过对文化背景的深入理解,学生能够更好地理解原文的意义,从而做出准确的翻译。

在翻译文化教学中,注重文化因素在翻译中的运用也十分重要。文化因素是影响翻译结果的重要因素之一,也是衡量翻译质量的重要标准。在教学过程中,教师可以通过分析不同文化之间的差异,教授学生在翻译中如何合理运用文化因素。例如,在某些翻译任务中,学生要根据文化差异的特点,选择适当的翻译策略,以确保目标语言版本在目标语言文化中具有相同的影响力和效果。

## 四、生态视角下的高校英语翻译教学策略

### (一)教学方法

在生态视角下进行高校英语翻译教学时,选择适合的教学方法是至关重要的。下面探讨一些教学方法,以帮助教师更好地引导学生学习。

#### 1.启发式教学

提供真实且具有挑战性的翻译任务,鼓励学生积极思考和探索。教师可以起到引导和辅助的作用,而不仅仅是传授知识。通过这种方式,学生能够培养批判性思维和自主学习能力,并提高自身的翻译实践能力。

2.合作学习

组织小组活动、项目合作等，让学生在团队中共同解决翻译难题。这种合作学习模式有助于促进学生之间的互动和合作，培养他们的团队合作能力和沟通能力。这也可以营造愉快的学习氛围，激发学生的学习兴趣和动力。

3.技术辅助教学

借助各种翻译工具和信息技术，如计算机辅助翻译软件、在线词典和平行语料库等，可以帮助学生提高翻译效率和精准度。教师可以引导学生正确使用这些工具，培养学生的信息获取和处理能力。

4.个性化教学

了解每个学生的学习习惯、学习风格和学习目标，针对个别学生给予特殊辅导和指导。教师可以通过个别指导、讨论课和论文等方式，为学生提供不同层次和不同深度的教学内容，以满足学生的各种学习需求。

5.定期进行教学评估和反馈

教师通过定期测验、作业和小组讨论，及时对学生的学习情况进行评价。教师可以针对学生的表现，给予具体的反馈和建议，帮助他们发现问题并改进。同时，这也可以帮助教师不断调整教学方法和内容，提高教学效果。

## (二)教学技巧

在生态视角下的高校英语翻译教学中，教学技巧是至关重要的。有效的教学技巧可以帮助教师更好地传授知识，激发学生的学习兴趣，并提高他们的翻译能力。

1.创设情境和任务

在教学中，教师可以通过创设各种真实的情境和任务来激发学生的学习兴趣和动力。例如，可以让学生在团队合作环境中完成一项翻译任务，以增强他们的合作能力和创新思维。

2.引导学生自主学习

教师在教学中应当鼓励学生主动探索和发现，培养他们的自主学习能力。教师可以引导学生选择适合自己的学习资源，如阅读材料、翻译案例等，同时指导他们如何有效地利用这些资源进行学习和提高翻译技巧。

3. 提供实践机会

在教学中，教师应该为学生提供丰富的翻译实践机会，如组织模拟翻译活动、实地考察、翻译比赛等。通过实践，学生可以巩固所学知识，发现自身不足之处，并逐步提高翻译水平。

4. 个性化辅导

由于每个学生的学习特点和需求均不同，教师应该根据学生的个体差异，提供个性化辅导。教师可以通过一对一的辅导、小组讨论和反馈等方式，针对学生的具体问题和困惑进行解答和指导。

5. 激励和认可

在教学过程中，教师应该及时给予学生激励和认可。教师可以通过表扬、鼓励、奖励等方式，激发学生的学习动力和学习兴趣，增强他们的自信心。

6. 反思和改进

教师应该时刻反思自己的教学方法和策略，并根据学生的反馈和实际效果适时进行改进。只有不断反思和改进，教师才能更好地适应生态视角下的翻译教学需求，提高教学效果。

### （三）教学评价

教学评价的目的是对学生的学习过程和学习成果进行全面、客观的评判，从而及时发现问题、调整教学策略，并为学生提供有效的反馈和指导。在教学评价过程中，可以采取以下四种策略来提高教学效果。

1. 采用多元化的评价方式

传统的考试形式对于学生的综合能力评价往往局限于笔头答题，而忽视了对实际应用能力的考查。因此，教学评价应该注重运用多元化的评价方式。除传统的笔试外，还可以采用口试、翻译实践、作品展示等形式来评价学生的翻译能力。这样可以全面地了解学生的翻译水平，发现他们的优势和不足之处，并为他们提供有针对性的指导。

2. 注重个性化评价

每个学生的学习风格和特长都有所不同，因此在教学评价中应该注重对学生个性化差异的认知和评价。教师可以根据学生的不同特点，设计适应他们个人需要的评价方式。比如，对于口语表达能力较好的学生，可以采用小组讨论的形式，让他们展示自己的观点和表达能力；对于文字表达能力较强的学生，可以要求他们写一篇有关翻译的评论文章。这种个性化评价，可以更好地激发学生的学习兴趣和动力，同时也能够促进他们成长和发展。

3. 建立及时反馈机制

教学评价不仅仅是对学生的成绩进行评判，更重要的是能够及时将评价结果反馈给学生，让他们知道自己的优势和不足之处，以便他们及时调整学习策略。因此，在教学评价中，应该建立一个及时反馈机制。可以通过批改作业、讲评、个别面谈等方式向学生提供具体的反馈和建议。也可以利用学习平台、在线交流工具等技术手段进行学生作品展示和互动交流，帮助学生更好地了解自己的学习进展。

4. 鼓励自我评价和互评

自我评价和互评是培养学生自主学习能力和合作学习能力的重要手段。在教学评价中，教师应该鼓励学生对自己的学习过程进行反思和评价，帮助他们发现自己的优点和不足，并寻找可以改进的方法。同时，教师还可以组织学生进行互评，让他们互相交流和借鉴，促进合作学习和共同进步。

# 参考文献


[1]张晶,房健,都德鹏.英语翻译教程[M].北京:冶金工业出版社,2023.

[2]熊磊.英语翻译的原理与实践应用研究[M].长春:吉林出版集团股份有限公司,2022.

[3]陈晓丹.英语翻译与文学语言研究[M].长春:吉林文史出版社,2023.

[4]王晓芬.多元文化背景下的英语翻译研究[M].北京:中国书籍出版社,2023.

[5]李淑香,宋雪飞,李少娟.高校英语翻译理论与教学实践研究[M].长春:吉林人民出版社,2023.

[6]胡成翠.语言学视角下的高校英语翻译教学创新研究[M].北京:北京航空航天大学出版社,2023.

[7]余胜映.英语翻译教学的理论与实践应用研究[M].延吉:延边大学出版社,2022.

[8]李婧云.现代英语翻译理论与技巧研究[M].北京:北京工业大学出版社,2023.

[9]高琳.高校英语翻译教学理论与实践探究[M].长春:吉林出版集团股份有限公司,2020.

[10]刘珊珊.英语翻译理论与实用性翻译人才培养研究[M].北京:中国纺织出版社,2023.

[11]姚娟,徐丽华,娄良珍.高校英语阅读与翻译教学多维研究[M].天津:天津科学技术出版社,2021.

[12]宋丽.高校英语翻译理论与实践[M].长春:吉林教育出版社,2021.

[13]孙婕.高校英语教学理论及实务研究[M].长春:吉林人民出版社,2022.

[14]吴哲.当代高校英语翻译实践与探索[M].北京:中国原子能出版社,2023.

[15]陈莹.英语翻译理论与实用文体翻译研究[M].西安:西北工业大学出版社,2021.